상처받지 않는 마음

# 상처받지 않는 마음

정신과 전문의가 전하는,
이유를 알면 덜 아픈 마음 관리법

박성봉 지음

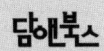

## 들어가며

"서로 다를 수 있는데
왜 자기 말만 옳다고 하는지 모르겠어요.
진짜 화가 나요."

"잘못을 해 놓고 왜 인정을 안 하는지 모르겠어요.
화가 나서 참을 수가 없어요."

"취업이 안 돼서 죽겠는데
친구가 승진했다고 자랑하는 거예요.
너무 우울해요."

마음의 상처를 받은 분들을 자주 만납니다.

마음의 상처를 주고 받는 사람들은
대부분 가까이 있습니다.

부부 사이,
부모와 자녀 사이,

형제 사이,
친구 사이,
고용인과 피고용인 사이,
상사와 부하 사이,
직장 동료 사이,
서비스를 받는 사람과 주는 사람 사이.

이들은 가까울 뿐만 아니라
중요한 관계이기도 합니다.

그런데
왜
마음의 상처를 주기도 하고 받기도 하는 걸까요?

어떻게 하면
마음의 상처를 주지도 않고 받지도 않을 수 있을까요?

마음의 상처에서 회복하려면
어떤 방법들이 도움이 될까요?

이에 대해 살펴보겠습니다.

## 차례

들어가며      4

### I. 욕망

01 당연함의 이유      13
02 마음      19
03 무의식      24
04 욕망      28
05 욕망과 행복      60
06 욕망의 특징      67
07 욕망과 감정      75
08 좋아함과 싫어함      81
09 사랑함      94
10 〈좋은 나〉가 되고 싶은 욕망의 영향      107
11 〈좋은 나〉가 되고 싶은 욕망과 가족      128
12 대인관계의 어려움      136
13 마음의 상처      142
14 용서      145

## II. 두 종류의 마음

01 상처받지 않는 마음 155
02 어쩔 수 없는 일들 157
03 종교적 태도 161
04 연기緣起 163
05 공짜 없음과 두 종류의 마음 172
06 공짜가 없다고 느껴지는 마음 180
07 공짜가 없다고 느껴지지 않는 마음 197
08 연기와 두 종류의 마음 200
09 연기가 느껴지는 마음 202
10 연기가 느껴지지 않는 마음 210
11 마음의 상처와 욕망 214
12 마음의 상처를 받지 않으려면 218

## III.
## 욕망 줄이기

| | |
|---|---|
| 01 마음의 고통 | 223 |
| 02 알코올중독 병동에서 만났던 사람들 | 227 |
| 03 중독에서 회복하기 위한 12단계 | 233 |
| 04 그리스도교 신앙과 욕망의 감소 | 238 |
| 05 불교 신앙과 욕망의 감소 | 240 |
| 06 팔정도 | 245 |
| 07 육바라밀 | 249 |
| 08 대가를 바라지 않고 다른 사람에게 이로움을 주기 | 252 |
| 09 대가를 바라지 않고 다른 사람의 욕망을 채워 주기 | 259 |

## IV. 문답 형식으로 정리하기

01 고객이 물건을 사 주기 원한다면?     287
02 직원이 잘 따라 주기를 원한다면?     289
03 상사와 좋은 관계를 맺기 원한다면?     291
04 배우자가 잘해 주기를 원한다면?     293
05 자녀가 바람직한 행동을 했을 때     295
06 자녀가 바람직하지 못한 행동을 했을 때     299
07 자기 말만 옳다고 할 때     303
08 잘못을 하고도 인정을 안 할 때     304
09 나는 힘든데 상대방이 자랑할 때     305
10 다른 사람에게 마음의 상처를 주는 말을 하지 않으려면?     306
11 다른 사람의 말에 마음의 상처를 받지 않으려면?     307
12 마음의 상처를 주지 않으려면?     308
13 마음의 상처를 받지 않으려면?     309
14 마음의 상처에서 회복하려면?     310

나가면서     312

# I

**욕망**

당연하다고 여기는 현상의 이유를 아는 것과 모르는 것은 큰 차이가 있습니다.

# 01    당연함의 이유

**사과가 떨어지는 이유는?**

질문을 하나 드려 보겠습니다.

사과가 왜 땅으로 떨어질까요?

사과가 땅으로 떨어지는 이유는
사과와 지구 사이에
서로
끌어당기는 힘이
작용하기 때문입니다.

하지만

뉴턴이
그 사실을 발견하기 전까지는

사과가 왜 땅으로 떨어지는지
그 이유를 알지 못했습니다.

그냥
당연하다고만 여겼죠.

당연하다고 여기는 현상의 이유를
아는 것과 모르는 것은
큰 차이가 있습니다.

이는
사람의 행동이나 감정에서도 마찬가지입니다.

상처받지 않는 마음

### 맛있는 음식에 손이 가는 이유는?

맛있는 음식에 나도 모르게 손이 가고
아름다운 장면에 나도 모르게 눈길이 가고
아름다운 노래에 나도 모르게 귀가 기울여지고
좋은 향기에 나도 모르게 숨을 깊이 들이쉬고
무더운 날 나도 모르게 시원한 곳으로 발길이 가고
오래 서 있으면 나도 모르게 앉고 싶어집니다.

사과가 땅으로 떨어지는 것처럼

맛있는 음식에 손이 가고
아름다운 장면에 눈길이 가고
아름다운 소리에 귀가 기울여지고
좋은 향기에 숨을 깊이 들이쉬고
무더운 날 시원한 곳으로 발길이 가고
오래 서 있으면 앉고 싶어지는 것 역시

당연한 현상입니다.

그런데
이처럼 당연한 현상들이
왜 생기는 걸까요?

### 혼자 있으면 사람이 그리운 이유는?

질문을 더 드려 보겠습니다.

혼자 있는 시간이 오래되다 보면
나도 모르게 사람이 그리워집니다.

왜 그런 걸까요?

사과가 땅으로 떨어지는 것처럼

혼자 있으면 사람이 그리워지는 것도
당연한 현상입니다.

그런데
이 당연한 현상의 이유는
무엇일까요?

## 인정을 받으면 기분이 좋아지는 이유는?

질문을 하나 더 드려 보겠습니다.

내 말을 인정해 주거나 내 말에 맞장구를 쳐 주면
나도 모르게 기분이 좋아집니다.

왜 그런 걸까요?

사과가 땅으로 떨어지는 것처럼

인정을 받으면 기분이 좋아지는 것 역시

당연한 현상입니다.

그런데
이 당연한 현상의 이유는
무엇일까요?

## 02 마음

이와 같은 질문들에 답하려면

마음에 대해
알아보는 것이

도움이 됩니다.

마음은
볼 수가 없지만
볼 수 있다고 가정을 했을 때

정신분석학의 창시자인
프로이트의 연구에 의하면

사람의 마음에는

의식이라고 부르는 영역과
전의식이라고 부르는 영역과
무의식이라고 부르는 영역이 있습니다.

맨 위에 의식이 있고
그 아래에 전의식이 있으며
맨 아래에 무의식이 있습니다.

상처받지 않는 마음

의식


'책을 읽어야지.'라고 생각할 때

마음속에
그러한 생각이 있다는 것을

자기 자신이
알 수 있습니다.

이처럼

마음속의 내용을
자기 자신이
알 수 있는 영역이

의식입니다.

## 전의식과 무의식


그런데

마음속의 내용을
자기 자신이 알지 못하는 영역도
있습니다.

전의식과 무의식이
그러합니다.

전의식이나 무의식에 있는
내용은

의식으로 올라와야만
알 수 있습니다.

전의식에 있는 내용들은
의식으로 쉽게 올라오는 데 반해

무의식에 있는 내용들은
의식으로 쉽게 올라오지 못합니다.

예를 들어 어제저녁에 먹은 식사의 메뉴처럼
금방 생각나는 경우는
그 내용이 전의식에 있다가
의식으로 올라왔다고 볼 수 있겠습니다.

그렇다면
무의식은 어떨까요?

## 03 무의식

무의식에 대해
예를 들어서 살펴보겠습니다.

명절날 부모님과 형제들이 함께 모이는 경우가 있죠.
모처럼 만나 이야기꽃을 피우다가
어린 시절의 이야기를 할 때가 있습니다.

그러다가
형이 동생에게
"너, 초등학교 1학년 땐가?
바지에 오줌을 싼 적이 있잖아."라고 얘기하면
동생이
"뭐라고? 내가 언제 그랬어?"라며 발끈합니다.

그런 일이 생각이 나는데도

창피해서 생각나지 않는다고 말하는 것이 아니라
동생은 정말로 그런 기억이 없습니다.

그런데 어머니가
"맞아. 그런 일이 있었어."라며
맞장구를 치십니다.

그러면 형의 말이 맞는 것 같습니다.

그런데 정작 본인은 전혀 생각이 나지 않습니다.

왜 그런 걸까요?

## 부끄러운 일들

바지에 오줌을 싼 일과 관련된 내용이

무의식에 있기 때문입니다.

부끄러운 내용이
의식으로 떠오르면
즉
자신이 알게 되면

기분이 좋지 않기 때문에

그 내용이
의식으로 쉽게 떠오르지 못하도록

무의식에
눌러놓은 것입니다.

그렇다면

무의식에

이처럼
부끄러운 내용들만
있는 걸까요?

그렇지 않습니다.

# 04 욕망

원하는 바,
즉 욕망을
이루지 못해서 힘들 때

"마음을 비워야 하는데 쉽지 않네."라는
말을 하게 됩니다.

욕망이
마음속에서 작용하고 있는데

마음속에서 작용하고 있는 그 욕망이
쉽게 없어지지 않는다는 뜻이죠.

그렇다면

욕망이

의식과
전의식과
무의식
중

어디에서 작용하고 있을까요?

프로이트의 연구에 의하면

무의식입니다.

물체들 사이에

서로 끌어당기는 힘이
작용하고 있다는 사실을
알려 준 학문이

물리학이라면

무의식에서

욕망이라는 힘이
작용하고 있다는 사실을
알려 준 학문은

심리학입니다.

무의식에서 작용하고 있는
욕망에 대해

잘 이해할 수 있는
토대를 마련한 사람은

앞서 말씀드린
프로이트였습니다.

그 후

자아심리학
대상관계이론
자기심리학

등과 같은
이론들이
욕망과 관련한 이해의 폭을 넓혔습니다.

그렇다면

무의식에서
어떤 욕망들이 작용하고 있을까요?

상처받지 않는 마음

무의식에서 작용하고 있는
욕망들
중에서

그 내용을 본인이 알게 되더라도
마음이 별로 불편하지 않은 내용들은

의식으로 떠오르는 데에
큰 저항이 없지만

그렇지 않은
내용들은

의식으로
쉽게 떠오르지 않습니다.

즉
자기의 마음속에
그러한 욕망들이 있다는 사실을
본인이 알기가 어렵습니다.

그래서

많은 사람들이 이미 알고 있는 욕망들을
예로 들어

무의식 속에서
어떤 욕망들이 작용하고 있는지

살펴보겠습니다.

어떤 상황에서

나도 모르게

기분이 좋아지고

어떤 상황에서

나도 모르게

기분이 나빠지는지

살펴보면

무의식에서

어떤 욕망들이

작용하고 있는지

짐작할 수 있습니다.

왜냐하면

욕망이 이루어지면

나도 모르게

기분이 좋아지고

욕망이 이루어지지 않으면
나도 모르게
기분이 나빠지기 때문입니다.

맛있는 음식을 먹으면
나도 모르게 기분이 좋아지고
맛없는 음식을 먹으면
나도 모르게 기분이 나빠집니다.

아름다운 장면을 보면
나도 모르게 기분이 좋아지고
좋지 못한 장면을 보면
나도 모르게 기분이 나빠집니다.

아름다운 소리를 들으면
나도 모르게 기분이 좋아지고
시끄러운 소리를 들으면
나도 모르게 기분이 나빠집니다.

좋은 냄새를 맡으면
나도 모르게 기분이 좋아지고
좋지 못한 냄새를 맡으면
나도 모르게 기분이 나빠집니다.

무더운 날 시원한 바람이 피부에 닿으면
나도 모르게 기분이 좋아지고
무더운 날 후덥지근한 바람이 피부에 닿으면
나도 모르게 기분이 나빠집니다.

오래 서 있다가 앉으면
나도 모르게 기분이 좋아지고
오래 서 있어 다리가 아픈데도 계속 서 있어야 하면
나도 모르게 기분이 나빠집니다.

상처받지 않는 마음

### 감각적인 즐거움을 느끼고 싶은 욕망


이를 통해

맛있는 음식을 먹고 싶고
아름다운 장면을 보고 싶고
아름다운 소리를 듣고 싶고
좋은 냄새를 맡고 싶고
좋은 촉감을 느끼고 싶고
통증을 피하고 싶은
욕망이

무의식에서
작용하고 있음을 짐작할 수 있습니다.

이는

시각, 후각, 미각, 청각, 촉각 등
신체적인 감각을 통해
즐거움을 느끼기 원하는 욕망으로서

감각적인 즐거움을 느끼고 싶은 욕망이라
할 수 있겠습니다.

감각적인 즐거움을 느끼고 싶은 욕망은

자아심리학에서 관심을 두는 욕망과
관련이 있습니다.

그런데

무의식에서

감각적인 즐거움을 느끼고 싶은 욕망뿐 아니라
또 다른 유형의 욕망이 작용하고 있습니다.

예를 들어
마법의 성이 있다고 가정해 보겠습니다.

그 마법의 성에서는
감각적인 즐거움을 느끼고 싶은 욕망이
모두 다 채워집니다.

눈으로 보기를 원하거나
귀로 듣기를 원하거나
코로 냄새 맡기를 원하거나
혀로 맛보기를 원하거나
피부에 닿기를 원하는
모든 것들이
다 나옵니다.

감각적인 즐거움에 관한 한
더 이상 바랄 게 없죠.

그런데

그 성에
나 혼자 살고 있습니다.

그러면 과연
100퍼센트 만족스러울까요?

상처받지 않는 마음

### 외롭고 싶지 않은 욕망

그렇지 않을 겁니다.

사람이 그리워지겠죠.

그래서

감각적인 즐거움을 느끼고 싶은 욕망과는
다른 유형의 욕망이

무의식에서
작용하고 있음을
짐작할 수 있습니다.

이는
외롭고 싶지 않은 욕망입니다.

외롭고 싶지 않은 욕망은

대상관계이론에서 관심을 두는 욕망과 관련이 있습니다.

그래서

두 번째 마법의 성으로 옮겨 갔습니다.

그 마법의 성에서는

감각적인 즐거움을 느끼고 싶은 욕망이
다 채워질 뿐만 아니라

원할 때마다
함께해 줄 사람들이 나타납니다.

외롭고 싶지 않은 욕망마저
해결되는 거죠.

그런데

무슨 말만 하면 다른 사람들이
"그게 아냐."
"그것도 몰라?" 하면서
반박을 하거나 핀잔을 주는 겁니다.

그러면
기분이 어떻겠습니까?

당연히 좋지 않겠죠.

상처받지 않는 마음

### 〈좋은 나〉가 되고 싶은 욕망

그래서

또 다른 유형의 욕망이

무의식에서 작용하고 있음을
짐작할 수 있습니다.

이는
〈좋은 나〉가 되고 싶은 욕망입니다.

〈좋은 나〉가 되고 싶은 욕망은

자기심리학에서 관심을 두는 욕망과
관련이 있습니다.

〈좋은 나〉가 되고 싶은 욕망이
채워지면

나도 모르게 기분이 좋아지고

〈좋은 나〉가 되고 싶은 욕망이
채워지지 않으면

나도 모르게 기분이 나빠집니다.

그런데

〈좋은 나〉인지
아닌지를

어떻게 판단할까요?

상처받지 않는 마음

## 〈좋은 나〉인지 판단하는 방법

한 가지 방법은

다른 사람들의 반응을 보고
판단하는 것입니다.

일반적으로 다른 사람들이

나를 인정해 주거나
나를 배려해 주거나
나를 부러워하거나
내게 동의해 주거나
내 뜻을 따라 줄 때

〈좋은 나〉가 된 느낌이 듭니다.

그래서 기분이 좋아지죠.

이와 반대로

다른 사람들이

나를 인정해 주지 않거나
나를 배려해 주지 않거나
나를 무시하거나
내게 동의해 주지 않거나
내 뜻을 따라 주지 않을 때

〈좋지 못한 나〉가 된 느낌이 듭니다.

그래서 기분이 나빠집니다.

〈좋은 나〉인지 아닌지를 판단하는
또 다른 방법은

자신과 다른 사람을 비교하는 겁니다.

예를 들면

시험에서
자신은 95점을 받았는데 친구가 90점을 받았다면
〈좋은 나〉가 된 느낌이 듭니다.
그래서 기분이 좋아지죠.

자신은 95점인데 친구가 100점이면
〈좋지 못한 나〉가 된 느낌이 듭니다.
그래서 기분이 좋지 않습니다.

또 다른 예를 들어 보자면

자신이 가진 물건이
다른 사람이 가진 것보다 더 고급인 경우에
〈좋은 나〉가 된 느낌이 듭니다.

그래서 기분이 좋아집니다.

다른 사람이 가진 물건이
자신의 것보다 더 고급일 때는
〈좋지 못한 나〉가 된 느낌이 들죠.
그래서 기분이 나빠집니다.

또 다른 예를 들자면

경쟁하는 상황에서
자신이나 자신의 편이 이기는 경우에
〈좋은 나〉가 된 느낌이 듭니다.
그래서 기분이 좋아지죠.

자신이나 자신의 편이 지는 경우에는
〈좋지 못한 나〉가 된 느낌이 들고요.
그래서 기분이 나빠집니다.

〈좋은 나〉인지 아닌지를 판단하는
또 다른 방법은

다른 사람과의 관계에서
자신이
어떻게 행동하는가 하는 것입니다.

일반적으로

다른 사람의 잘못을 지적하거나
다른 사람에게 충고하거나
다른 사람에게 지시를 하거나
다른 사람을 통제할 때

〈좋은 나〉가 된 느낌이 듭니다.
그래서 기분이 좋아집니다.

반대로

다른 사람에게 잘못을 지적받거나
다른 사람에게 충고를 듣거나

다른 사람에게 지시를 받거나
다른 사람에게 통제를 당할 때

〈좋지 못한 나〉가 된 느낌이 듭니다.
그래서 기분이 나빠집니다.

그래서 이제
세 번째 마법의 성으로 옮겨 갔습니다.

이곳 역시
감각적인 즐거움을 느끼고 싶은 욕망이
모두 채워지고
외롭고 싶지 않은 욕망도
해결되는 곳입니다.

그런데
이곳에서는

내가 원할 때마다 나타나는 사람들이

나를 인정해 주고 배려해 주는 겁니다.
내 말에 동의해 주고 따라 주는 겁니다.
그뿐만 아니라
나에게 충고나 조언을 구하는 겁니다.

그래서
〈좋은 나〉가 되고 싶은 욕망까지

다 채워지는 겁니다.

그러면 이제 어떤 불만이 남아 있겠습니까?

별다른 불만 없이
만족스럽지 않을까요?

상처받지 않는 마음

그래서

감각적인 즐거움을 느끼고 싶은 욕망과
외롭고 싶지 않은 욕망과
〈좋은 나〉가 되고 싶은 욕망이

무의식에서
작용하고 있음을

짐작할 수 있습니다.

이와 같은 사실을
일상생활에서 확인할 수 있습니다.

예를 들면
손님을 모실 때입니다.

예쁘게 실내장식이 되어 있어
눈이 즐겁고
아름다운 음악이 흐르고 있어
귀가 즐겁고
온도와 습도가 쾌적할 뿐만 아니라
앉는 자리도 부드러워
촉감까지 즐거운
음식점으로

손님을 모시고 가서

맛과 향과 빛깔이 좋아
혀와 코와 눈이 즐거운
음식들을 대접하면서

배려하고 존중하는 태도로
손님의 대화 상대가 되어 드립니다.

그러면
그 손님의 기분이 어떨까요?

아마
좋지 않을까요?

## 05  욕망과 행복

이와 같이

감각적인 즐거움을 느끼고 싶은 욕망과
외롭고 싶지 않은 욕망과
〈좋은 나〉가 되고 싶은 욕망이

모두 채워지는 상황에서는

일반적으로

행복하다고 느낍니다.

행복의 뜻을
사전에서 찾아보면

〈생활에서 충분한 만족과 기쁨을 느끼어
흐뭇함 또는 그러한 상태〉
라고 설명합니다.

생활에서 충분한 만족과 기쁨을 느끼는
경우는

원하는 것이
채워질 때입니다.

원하는 것을
다른 말로 표현하면

욕망이죠.

따라서

일반적으로

욕망이 채워지면
행복하다는 느낌이 들고

욕망이 채워지지 않으면
행복하지 않다는 느낌이 듭니다.

그런데
욕망에는

감각적인 즐거움을 느끼고 싶은 욕망
외롭고 싶지 않은 욕망
〈좋은 나〉가 되고 싶은 욕망

등이 있습니다.

따라서
이들 욕망이 모두 채워져

충분히 만족스럽고 기쁘고 흐뭇한 상태가 되면
행복하다고 느껴질 것입니다.

반면에

그 욕망들 중
어느 하나라도 채워지지 않으면

행복한 느낌이 들기 어려울 것입니다.

# 돈

그러다 보니

돈이 많기를
바라게 됩니다.

돈이 많으면

감각적인 즐거움을 느끼고 싶은 욕망
외롭고 싶지 않은 욕망
〈좋은 나〉가 되고 싶은 욕망을 채우는 데에
도움이 됩니다.

하지만
돈이 아무리 많아도

그 욕망들을
완전히 다 채울 수는
없습니다.

## 권력

권력에 대한 바람 또한

그러한 욕망들과 관련해서
이해할 수 있겠습니다.

권력을 가지면

감각적인 즐거움을 느끼고 싶은 욕망
외롭고 싶지 않은 욕망
〈좋은 나〉가 되고 싶은 욕망을 채우는 데에
도움이 됩니다.

하지만
권력이 아무리 강하더라도

그 욕망들을
완전히 다 채울 수는
없습니다.

명예


명예에 대한 바람 또한

욕망과 관련해서
이해할 수 있겠습니다.

명예는

〈좋은 나〉가 되고 싶은 욕망을 채우는 데에
큰 도움이 됩니다.

하지만
명예가 아무리 높더라도

〈좋은 나〉가 되고 싶은 욕망을
완전히 다 채울 수는
없습니다.

## 06  욕망의 특징

**만족을 모름**

게다가

욕망이 채워지면
더 큰 욕망이 생깁니다.

아무리 맛있는 음식도
자꾸 먹다 보면
더 맛있는 걸 원하게 됩니다.

보는 즐거움,
듣는 즐거움,
향기의 즐거움,

촉감의 즐거움
모두

마찬가지입니다.

상처받지 않는 마음

외롭고 싶지 않은 욕망도
그렇습니다.

외로울 때는
누구라도 곁에 있어 주기를 원합니다.

그런데 막상 누군가 곁에 있게 되면
보다 더 외롭지 않다고 느끼게 해 주는 사람이길
바라게 됩니다.

〈좋은 나〉가 되고 싶은 욕망 또한
마찬가지입니다.

예를 들어

학교에 다니는 자녀가 처음으로 반에서 일등을 하면
부모님은
〈좋은 나〉가 된 느낌이 들어
기분이 좋아집니다.

그런데
자녀가 매번 반에서 일등을 하면
기분 좋은 느낌이 점점 줄어들면서
이젠 전교 석차를 따지게 됩니다.

집과 자동차도 그렇습니다.

고급스러운 집과 자동차를 가지게 되면
〈좋은 나〉가 된 느낌이 들어
기분이 좋아지죠.

그런데
시간이 지나면 기분 좋은 느낌이
점점 줄어들게 됩니다.
그래서
더 고급스러운 것을 원하게 되지요.

사회적인 지위도 마찬가지입니다.

점점 더 높은 지위를 원하게 됩니다.

## 다 채울 수 없는 욕망

그뿐만 아니라

감각적인 즐거움을 느끼고 싶은 욕망과
외롭고 싶지 않은 욕망과
〈좋은 나〉가 되고 싶은 욕망 사이에서

선택과 포기를 해야만 하는 경우들이 많습니다.

예를 들어

놀고 싶기도 하고
시험에서 좋은 성적을 받고 싶기도 합니다.

놀고 싶은 것은
감각적인 즐거움을 원하는 욕망이고

시험에서 좋은 성적을 받고 싶은 것은
〈좋은 나〉가 되고 싶은 욕망입니다.

그런데 두 가지 욕망을 모두 다 채우기는 어렵습니다.
그래서 하나를 선택하고
다른 하나는 포기해야 합니다.

그렇기 때문에

모든 욕망을 다 채워서
완전한 행복감에 도달하는 것은
불가능하며

항상
만족스럽지 못할 수밖에 없습니다.

## 욕망을 채워 주던 대상을 잃음

그뿐만 아니라
욕망을 채워 주던 대상을 잃기도 합니다.

먹고 싶은 것을 못 먹게 되기도 하고
보고 싶은 것을 못 보게 되기도 하고
듣고 싶은 것을 못 듣게 되기도 하고
원하는 향기를 못 맡게 되기도 하고
원하는 촉감을 못 느끼게 되기도 합니다.

외로움을 달래 주던 사람을 못 만나게 되기도 합니다.

<좋은 나>가 된 느낌이 들게 해 주던
사람을 못 만나게 되기도 하고

<좋은 나>가 된 느낌이 들게 해 주던
돈이나 권력이나 명예나 지위나 성적이나 물건을
잃기도 합니다.

# 07    욕망과 감정

화

이처럼

욕망이 채워지지 않거나
욕망을 채워 주던 대상을 잃게 되면

화가 납니다.

감각적인 즐거움을 느끼고 싶은 욕망이나
외롭고 싶지 않은 욕망이나
〈좋은 나〉가 되고 싶은 욕망이

채워지지 않거나

채워 주던 대상을 잃게 되면

화가 납니다.

따라서
화가 나면

어느 욕망 또는 욕망들 때문에
화가 나는지 살펴보는 것이

화가 난 이유를 찾는 데에
도움이 될 수 있겠습니다.

상처받지 않는 마음

## 우울

욕망이 채워지지 않거나
욕망을 채워 주던 대상을 잃게 되면

우울해지기도 합니다.

감각적인 즐거움을 느끼고 싶은 욕망이나
외롭고 싶지 않은 욕망이나
〈좋은 나〉가 되고 싶은 욕망이

채워지지 않거나
채워 주던 대상을 잃게 되면

우울해집니다.

따라서
우울해지면

어느 욕망 또는 욕망들 때문에

우울해지는지 살펴보는 것이

우울한 이유를 찾는 데에
도움이 될 수 있겠습니다.

상처받지 않는 마음

### 질투

질투도
욕망과 관련이 있습니다.

감각적인 즐거움을 느끼고 싶은 욕망이나
외롭고 싶지 않은 욕망이나
〈좋은 나〉가 되고 싶은 욕망을

나는 채우지 못하는데
다른 사람은 채울 때

질투가 느껴집니다.

따라서
질투가 느껴지면

어느 욕망 또는 욕망들 때문에
질투가 느껴지는지 살펴보는 것이

질투가 느껴지는 이유를 찾는 데에
도움이 될 수 있겠습니다.

## 08 좋아함과 싫어함

**내가 좋아하는 사람**

좋아함도 욕망과 관련이 있습니다.

욕망이 채워지는 것을 도와주는 사람은

나도 모르게 좋아집니다.

원하는 음식을 먹게 해 주는 사람이나
원하는 장면을 보게 해 주는 사람이나
원하는 소리를 듣게 해 주는 사람이나
원하는 냄새를 맡게 해 주는 사람이나
원하는 촉감을 느끼게 해 주는 사람이나
통증을 없애 주는 사람은

나도 모르게 좋아집니다.

외로워서 연락을 했을 때 만나 주는 사람은

나도 모르게 좋아집니다.

나를 인정해 주거나
나를 배려해 주거나
나를 부러워하거나
내게 동의해 주거나
내 뜻을 따라 주는 사람은

나도 모르게 좋아집니다.

상처받지 않는 마음

따라서

감각적인 즐거움을 느끼고 싶은 욕망이나
외롭고 싶지 않은 욕망이나
〈좋은 나〉가 되고 싶은 욕망이

채워지는 것을

과거에 도와주었거나
현재 도와주고 있거나
미래에 도와줄 가능성이 있다고 여겨지는 사람은

나도 모르게 좋아집니다.

그러므로 누군가가 좋아지면

어느 욕망 또는 욕망들 때문에
그 사람이 좋아진 것인지 살펴보는 것이

그 사람이 좋아진 이유를 찾는 데에
도움이 될 수 있겠습니다.

내가 싫어하는 사람

싫어함도 욕망과 관련이 있습니다.

<u>욕망이 채워지는 것을 방해하는 사람은</u>

<u>나도 모르게 싫어집니다.</u>

원하는 음식을 먹지 못하게 하거나
원하지 않는 음식을 먹게 하는 사람,
원하는 장면을 보지 못하게 하거나
원하지 않는 장면을 보게 하는 사람,
원하는 소리를 듣지 못하게 하거나
원하지 않는 소리를 듣게 하는 사람,
원하는 냄새를 맡지 못하게 하거나
원하지 않는 냄새를 맡게 하는 사람,
원하는 촉감을 느끼지 못하게 하거나
원하지 않는 촉감을 느끼게 하는 사람은

나도 모르게 싫어집니다.

상처받지 않는 마음

외로워서 연락을 했는데 만나 주지 않는 사람은

나도 모르게 싫어집니다.

나를 인정해 주지 않거나
나를 배려해 주지 않거나
나를 무시하거나
내게 동의해 주지 않거나
내 뜻을 따라 주지 않는 사람은

나도 모르게 싫어집니다.

따라서

감각적인 즐거움을 느끼고 싶은 욕망이나
외롭고 싶지 않은 욕망이나
〈좋은 나〉가 되고 싶은 욕망이

채워지는 것을

과거에 방해했거나
현재 방해하고 있거나
미래에 방해할 가능성이 있다고 여겨지는 사람은

나도 모르게 싫어집니다.

그러므로 누군가가 싫어지면

어느 욕망 또는 욕망들 때문에
그 사람이 싫어진 것인지 살펴보는 것이

그 사람이 싫어진 이유를 찾는 데에
도움이 될 수 있겠습니다.

상처받지 않는 마음

### 나를 좋아하는 사람


누군가의

감각적인 즐거움을 느끼고 싶은 욕망이나
외롭고 싶지 않은 욕망이나
<좋은 나>가 되고 싶은 욕망이

채워지는 것을

내가

과거에 도와주었거나
현재 도와주고 있거나
미래에 도와줄 가능성이 있으면

그 사람은
자기도 모르게 내가 좋아집니다.

따라서

누군가가 나를 좋아한다면

그 사람의
어느 욕망 또는 욕망들 때문에
나를 좋아하는지 살펴보는 것이

그 사람이 나를 좋아하는 이유를 찾는 데에
도움이 될 수 있겠습니다.

상처받지 않는 마음

### 나를 싫어하는 사람

누군가의

감각적인 즐거움을 느끼고 싶은 욕망이나
외롭고 싶지 않은 욕망이나
〈좋은 나〉가 되고 싶은 욕망이

채워지는 것을

내가

과거에 방해했거나
현재 방해하고 있거나
미래에 방해할 가능성이 있으면

그 사람은
자기도 모르게 내가 싫어집니다.

따라서

누군가가 나를 싫어한다면

그 사람의
어느 욕망 또는 욕망들 때문에
나를 싫어하는지 살펴보는 것이

그 사람이 나를 싫어하는 이유를 찾는 데에
도움이 될 수 있겠습니다.

상처받지 않는 마음

**변덕스러움**

그러다 보니

똑같은 사람이

때로는 좋아지기도 하고
때로는 싫어지기도 합니다.

어제까지는
나의 욕망이 채워지는 것을
그 사람이 방해했지만

오늘은
나의 욕망이 채워지는 것을
그 사람이 도와준다면

어제까지는
그 사람이 싫었지만

오늘은
그 사람이 좋아집니다.

내일 다시
나의 욕망이 채워지는 것을
그 사람이 방해한다면

내일은 또
그 사람이 싫어지겠죠.

상처받지 않는 마음

내가

누군가의 욕망이
채워지는 것을

어제까지는 방해했지만

오늘은 도와준다면

어제까지는
그 사람이 나를 싫어했지만

오늘은
그 사람이 나를 좋아할 것입니다.

내일 다시
그 사람의 욕망이 채워지는 것을
내가 방해한다면

내일은 또
그 사람이 나를 싫어하겠죠.

# 09 사랑함

따라서

좋아하거나 싫어하는 게

자신의 욕망을 채우는 데에
도움이 되느냐 안 되느냐에 따라

느껴지는 감정이라는 것을 알 수 있습니다.

그리고

좋아함과
사랑함은

같은 뜻이 아님을 알 수 있습니다.

예를 들어

사자는 얼룩말을 좋아한다고 볼 수 있습니다.

맛있는 먹이를 원하는 사자의 욕망을
채우는 데에
얼룩말이 도움이 되기 때문이죠.

하지만
사자가 얼룩말을 사랑한다고 볼 수는 없습니다.

사자가 얼룩말을 사랑한다면
얼룩말을 잡아먹지 않고
얼룩말에게 이로움을 주려고 하지 않겠습니까?

## 좋아함과 사랑함의 차이


따라서

좋아함은

나의 욕망을 채우는 데 도움이 되는 대상에게
느껴지는 감정이라

할 수 있겠고

사랑함은

상대방의 욕망을 채워 주거나 배려하면서
상대방을 이롭게 하려는
의도와 행동이라

할 수 있겠습니다.

## 사랑함

예를 들어

다른 사람을 사랑하기 때문에
한 개 남은 나의 빵을
내가 먹지 않고 그 사람에게 주며

다른 사람을 사랑하기 때문에
한 병 남은 나의 물을
내가 마시지 않고 그 사람에게 줍니다.

이처럼 누군가를 사랑하면
그 사람의

감각적인 즐거움을 느끼고 싶은 욕망과
외롭고 싶지 않은 욕망과
〈좋은 나〉가 되고 싶은 욕망을

채워 주거나 배려합니다.

물론

사랑하기 때문에
욕망을 채워 주지 않는 경우도 있습니다.

예를 들어

누군가가
자기 자신이나 타인에게
해가 되는 행동을 하기 원한다면

이를 말리는 것이
그 사람을 이롭게 하는
사랑의 표현일 것입니다.

그런데

그런 경우에도

〈좋은 나〉가 되고 싶은 그 사람의 욕망을
배려하여

지혜롭게 말리려고 할 것입니다.

자신이 하고 싶은 대로 하지 못하면
〈좋지 못한 나〉가 된 느낌이 든다는 걸
알기 때문에

〈좋은 나〉가 되고 싶은 그 사람의 욕망을
배려하여
지혜로운 방법으로
말리는 것이죠.

그런데

이처럼

다른 사람의 욕망을 채워 주거나 배려하면서
다른 사람을 이롭게 하는 것

즉
다른 사람을 사랑하는 것이
자신에게도 이롭습니다.

왜냐하면

자신의 욕망을 채우기 위해서는
다른 사람의 도움이 필요하고

다른 사람의 도움을 받기 위해서는
다른 사람과 잘 지내는 게 필요하며

다른 사람과 잘 지내기 위해서는
다른 사람의 욕망을 채워 주거나 배려하면서

상처받지 않는 마음

그 사람을 이롭게 하는 것이
필요하기 때문입니다.

이에 대해
구체적으로 살펴보겠습니다.

감각적인 즐거움을 느끼기 위해 필요한 것들을
혼자서 다 마련할 수가 없습니다.
그러한 것들을 제공해 줄

다른 사람이 필요합니다.

외롭고 싶지 않은 욕망을 채우기 위해서도

다른 사람이 필요하죠.

〈좋은 나〉가 되고 싶은 욕망을 채우기 위해서도

나를 인정해 주거나
나를 배려해 주거나
나를 부러워하거나
내게 동의해 주거나
내 뜻을 따라 줄

다른 사람이 필요합니다.

그래서

다른 사람과 잘 지내는 것이 필요합니다.

그런데

다른 사람과 잘 지내려면
그 사람의 기분을 좋게 해 주어야 합니다.

그리고

그 사람의 기분을 좋게 해 주려면

그 사람의 욕망을 채워 주거나 배려하면서
그 사람에게 이로움을 주어야 합니다.

그런데

다른 사람의 욕망을 채워 주거나 배려하면서
그 사람에게 이로움을 주려면

〈좋은 나〉가 되고 싶은 나의 욕망으로 인해
나도 모르게 하게 되는

말이나
행동들을

살펴보는 것이 도움이 됩니다.

왜냐하면

<좋은 나>가 되고 싶은 나의 욕망으로 인해
나도 모르게 하게 되는

말이나
행동들이

다른 사람의 기분을 나쁘게 하고

그로 인해

다른 사람과의 사이가
좋지 않게 될 수 있기 때문입니다.

그러한 경우들을
몇 가지
살펴보겠습니다.

## 10 〈좋은 나〉가 되고 싶은 욕망의 영향

**자랑스러운 점을 말하기**

다른 사람과 대화를 할 때
자신의 부끄러운 점은 말하지 않고
자랑스러운 점은 자기도 모르게 말하게 됩니다.

왜 그런 걸까요?

부끄러운 점을 말하면
다른 사람으로부터 무시를 당하거나
충고를 듣게 되어

〈좋지 못한 나〉가 될 것 같고

자랑스러운 점을 말하면
다른 사람으로부터 부러움을 사거나
인정을 받게 되어
〈좋은 나〉가 될 것 같기 때문입니다.

그런데

자랑스러운 점을 말하면
다른 사람으로부터 부러움이나
인정의 말을 듣는 것이 아니라
오히려
듣고 싶지 않은 말을 듣게 될 수 있습니다.

예를 들어

주식투자를 해서 수익이 나면

"이번에 주식을 해서 돈을 좀 벌었지." 하며
자연스레 친구에게 말을 하게 됩니다.

친구로부터

"좋겠다. 부럽네."
"역시 자네는 대단해."
"주식공부를 열심히 하더니 성과가 있구먼. 축하해."
등과 같은

부러움이나 인정의 말을 듣게 될 거라고
기대하면서 말이죠.

〈좋은 나〉가 되고 싶은 욕망 때문에
자랑스러운 점을 말한 것이라 볼 수 있겠습니다.

그런데
친구의 기분은 어떨까요?

친구 또한
무의식에서
〈좋은 나〉가 되고 싶은 욕망이
작용하고 있습니다.

그러다 보니
주식투자를 해서 돈을 벌었다는 나의 말을 들으면

그렇지 못한 친구는
〈좋지 못한 나〉가 된 느낌이 들게 됩니다.
그래서 자기도 모르게 기분이 가라앉게 됩니다.

그래서 친구는
〈좋은 나〉가 되고 싶은 자신의 욕망 때문에

자기의 자랑스러운 점을 말하거나
나의 부끄러운 점을 말하게 됩니다.

예를 들어
"자네는 주식인가?
나는 부동산으로 돈을 좀 벌었는데."라거나

"자네, 작년에 주식으로 돈을 좀 잃었잖아.
이번에 좀 만회한 건가?"라고 말합니다.

또는

내 앞에서는
내가 듣고 싶은 말을 해 준다 하더라도

내가 없는 자리에서는
나에 대해 좋지 않게 뒷담화를 할 수도 있습니다.

## 뒷담화

뒷담화 또한
<좋은 나>가 되고 싶은 욕망과 관련이 있습니다.

이에 대해 예를 들어 살펴보겠습니다.

친구들이 모여 즐거운 시간을 가집니다.
그러다가 한 친구가 잠시 자리를 비우게 되면

그의 좋지 않은 상황을 아는 친구가
다른 친구에게
자기가 알고 있는 내용을 살짝 말해 줍니다.

왜 그러는 걸까요?

다른 사람의 좋지 않은 상황에 대해 말하거나
흉을 보면서
자신이 <좋은 나>라고 느끼는 것입니다.

그런데

뒷담화를 했다는 사실을 알게 되면
당사자의 기분은 어떨까요?

〈좋은 나〉가 되고 싶은 욕망에서는
자신의 좋지 않은 상황이
다른 사람에게 알려지는 것을 원하지 않습니다.

그런데
자신의 좋지 않은 상황이
다른 사람에게 알려져 버렸으니
얼마나 화가 나겠습니까?

그리고
그 사실을 다른 사람에게 알린 친구가
얼마나 원망스럽겠습니까?

## 자신만 잘되고 다른 사람들은 잘못되기를 바람

〈좋은 나〉가 되고 싶은 욕망 때문에
자신만 잘되고 다른 사람들은 잘못되기를
바라기도 합니다.

〈좋은 나〉가 된 느낌이 드는 경우는
자신이 다른 사람보다 나은 사람이라고
느끼는 경우이다 보니
자신이 다른 사람보다 더 나을수록
〈더 좋은 나〉가 된 느낌이 들기 때문입니다.

예를 들어

주식투자로 천만 원을 벌었다고
가정을 해 보겠습니다.
그래서 친구를 만나 자랑을 합니다.

그런데 친구도 주식투자로 천만 원을 벌었다고
말하는 겁니다.

그러면
돈 번 것을 친구에게 자랑하며 느끼던 좋은 기분이
갑자기 사라집니다.

더 나아가 만약 그 친구가
"그래? 나는 주식투자로 이천만 원을 벌었는데."
라고 말하면
그 말을 듣기 전까지
자랑을 하면서 좋았던 기분이 갑자기 나빠집니다.

반대로 친구가
"그래? 난 천만 원을 잃었는데."라고 말한다면
그 말을 듣기 전보다 기분이 더 좋아집니다.

친구는 돈을 잃었는데 자신은 돈을 벌었기 때문에
친구보다 자신이 더 나은 사람,
즉 〈더 좋은 나〉로 느껴지기 때문이죠.

그런데

친구가 나보다 더 많은 돈을 벌면
나의 기분이 나빠지고
친구가 돈을 잃으면
나의 기분이 좋아지는 게

친구에게 느껴진다면
친구의 기분이 어떨까요?

당연히 좋지 않을 것입니다.
그리고
내게 호감을 가질 수가 없을 것입니다.

**잘못을 인정하지 않음**


잘못을 하면
〈좋지 못한 나〉가 된 느낌이 듭니다.

그래서

〈좋은 나〉가 되고 싶은 욕망 때문에
자신의 잘못을 인정하지 않기도 합니다.

그러면

나의 잘못으로 인해 피해를 입은 상대방은
화가 나게 됩니다.

피해를 당하고도
가해자로부터 사과와 보상을 받지 못하면
억울한 느낌이 들기 마련인데

그 억울함을 바로잡지 못하는 자신이

〈좋지 못한 나〉로 느껴지기 때문이죠.

그래서

화가 나고

피해를 주고도 잘못을 인정하지 않는 사람이 미워집니다.

## 다른 사람이 잘한 점을 인정하지 않음

다른 사람이 잘했거나 잘하는 것을 보면
그 사람처럼 잘하지 못하는 자신이
〈좋지 못한 나〉로 느껴질 수가 있습니다.

그래서

〈좋은 나〉가 되고 싶은 욕망 때문에
다른 사람이 잘한 점을 인정하지 않기도 합니다.

그러면

잘하고도 인정을 받지 못하는 사람은
화가 납니다.

잘했음에도 불구하고
다른 사람으로부터 인정을 받지 못하면
억울한 느낌이 들기 마련인데

그 억울함을 바로잡지 못하는 자신이
〈좋지 못한 나〉로 느껴지기 때문이죠.

그래서

화가 나고

자신이 잘한 것을 인정해 주지 않는 사람이
미워집니다.

## 도움을 준 뒤 그 사실을 알림


누군가를 도와준 후
다른 사람들로부터 좋은 말을 들을 때

〈좋은 나〉가 된 느낌이 듭니다.

그러다 보니
누군가를 도와준 후에
다른 사람들에게
그 사실을 말하는 경우가 있습니다.

그런데
도움을 받아야 하는 상황에 놓이면
〈좋지 못한 나〉가 된 느낌이 들기 때문에

도움을 받은 사실이 알려지는 게
달갑지 않을 수 있습니다.

그러다 보니

상처받지 않는 마음

도움을 준 사람이 그 사실을 다른 사람들에게 말하면
도움을 받아야 했던 사람은 기분이 나빠집니다.

그래서
도움을 주고서
그 사실을
다른 사람들에게 말하는 사람이
원망스러워집니다.

## 도움을 받고서도 고마워하지 않음

앞서 살펴본 것처럼

도움을 받은 경우에
고맙기도 하지만

도움을 받아야만 했다는 점 때문에
〈좋지 못한 나〉가 된 느낌이 들어서
기분이 좋지 않을 수 있습니다.

그러다 보니

〈좋은 나〉가 되고 싶은 욕망 때문에

도움을 받고서도

도움을 받은 사실이 없는 것처럼
고마운 내색을 하지 않거나

심지어
생뚱맞게 반응하기도 합니다.

그러면

도움을 준 사람은
얼마나 화가 나겠습니까?

## 다른 사람을 굴복시킴


자신의 뜻을 다른 사람들이 따를 때
〈좋은 나〉가 된 느낌이 듭니다.

그러다 보니
강압적으로
다른 사람이 자신의 뜻을 따르도록
하는 경우가 있습니다.

그런 경우에
상대방은

〈좋지 못한 나〉가 된 느낌이 들어서
기분이 나빠집니다.
그리고
강제로 자신을 굴복시킨 사람이
미워집니다.

그래서

자신을 굴복시킨 사람의 힘이 약해지거나
자신의 힘이 커지면

자신을 굴복시켰던 사람의 말을 따르지 않고
자신을 굴복시켰던 사람이 싫어하는 행동을 함으로써

자신을 굴복시켰던 사람의 기분을
나쁘게 만듭니다.

# 11 〈좋은 나〉가 되고 싶은 욕망과 가족

## 부부

〈좋은 나〉가 되고 싶은 욕망은
부부 사이에서도 예외가 아니기에
이로 인해 갈등이 생기는 경우가 흔합니다.

아내는 남편이

자신을 사랑해 주고
자신의 말을 잘 따라 주고
자신을 인정해 주고

자신을 배려해 주고
자신을 이해해 주고
자신의 뜻을 존중해 주기를 바랍니다.

그렇게 해야
〈좋은 나〉가 된 느낌이 들기 때문이죠.

그런데

남편은 아내가

자신을 사랑해 주고
자신의 말을 잘 따라 주고
자신을 인정해 주고
자신을 배려해 주고
자신을 이해해 주고
자신의 뜻을 존중해 주기를 바라게 됩니다.

그렇게 해야
〈좋은 나〉가 된 느낌이 들기 때문입니다.

그러다 보니

배우자가 원하는 것을 자신이 해 주기보다는
자신이 원하는 것을 배우자가 해 주기를
바라게 될 수가 있습니다.

배우자가 원하는 것을 자신이 해 주면
배우자에게 진 것처럼 느껴져
〈좋지 못한 나〉가 된 느낌이 드는 반면

자신이 원하는 것을 배우자가 해 주면
〈좋은 나〉가 된 느낌이 들기 때문입니다.

그러다 보니

부부가 둘 다
〈좋은 나〉가 되고 싶은 상대방의 욕망을
채워 주지 않는 모습을
보일 수 있습니다.

그러면

상처받지 않는 마음

둘 다 자신의 욕망이 채워지지 않기 때문에
서로 상대방이 마음에 들지 않게 됩니다.

그래서

부부 사이가
점점 멀어지는 경우들이 있습니다.

## 부모님과 자녀

<좋은 나>가 되고 싶은 욕망은
부모님과 자녀 사이에서도 예외가 아니기에
이로 인해 갈등이 생기는 경우가 흔합니다.

부모님은 자녀가

부모님을 사랑해 주고
부모님의 말을 잘 따라 주고
부모님을 인정해 주고
부모님을 배려해 주고
부모님을 이해해 주고
부모님의 뜻을 존중해 주기를 바랍니다.

그렇게 해야
<좋은 나>가 된 느낌이 들기 때문이죠.

그런데

자녀는 부모님이

자녀를 사랑해 주고
자녀의 말을 잘 따라 주고
자녀를 인정해 주고
자녀를 배려해 주고
자녀를 이해해 주고
자녀의 뜻을 존중해 주기를 바라게 됩니다.

그렇게 해야
<좋은 나>가 된 느낌이 들기 때문입니다.

그러다 보니

부모님은 자녀가 마음에 들지 않는 경우가 있고
자녀는 부모님이 마음에 들지 않는 경우가 있습니다.

## 형제자매


<좋은 나>가 되고 싶은 욕망의 힘은
형제자매 사이에서도 예외 없이 작용합니다.

그래서
다른 형제자매에 비해
부모님으로부터 사랑을 덜 받는다고 느끼면
<좋지 못한 나>가 된 느낌이 듭니다.

그러면
부모님이나 다른 형제자매가 미워집니다.

그래서
부모님이 싫어하는 행동을 하고
다른 형제자매와 다투게 됩니다.

그러면 부모님은
싫어하는 행동을 하는 자녀가 마음에 들지 않게 되고
꾸짖게 됩니다.

그러면 그 자녀는
〈좋지 못한 나〉가 된 느낌이 더 커지기 때문에
부모님이 더 미워지고
부모님에게 사랑받는다고 느껴지는
다른 형제자매가 더 미워집니다.

부모님이 편애하지 않더라도

다른 형제자매가 자신보다 더 뛰어나다고 여겨지면
〈좋지 못한 나〉가 된 느낌이 들기 때문에

자신보다 더 뛰어나다고 여겨지는 그 형제자매가
미워지기도 합니다.

# 12    대인관계의 어려움

이처럼
〈좋은 나〉가 되고 싶은 욕망이
생각이나 말이나 행동을 통해
다양하게 표현되고 있습니다.

이를 통해 알 수 있는 사실
하나는

〈좋은 나〉가 되고 싶은 욕망 때문에
나도 모르게 하게 되는 말이나 행동이
다른 사람의 기분을 좋지 않게 한다는 것입니다.

다른 사람 역시
〈좋은 나〉가 되고 싶은 욕망이 있기 때문입니다.

그러면
불쾌해진 상대방은
<좋은 나>가 되고 싶은
자신의 욕망을 채우기 위해 행동함으로써
나를 불쾌하게 만들어 버립니다.

결국

나와 상대방 모두
<좋지 못한 나>가 된 느낌이 들게 되고

나와 상대방 모두
불쾌해집니다.

그리고
또 다른 사실 하나는

좋은 평가를 받기는 어렵고
좋지 못한 평가를 받기는 쉽다는 것입니다.

〈좋은 나〉가 되고 싶은 욕망으로 인해

누군가의
좋은 점을 보면 인정하고 싶지가 않고
좋지 못한 점을 보면 들추어내고 싶어집니다.

그래서
좋은 평가는 잘 해 주지 않고
좋지 못한 평가는 잘 내리게 됩니다.

그러다 보니

다른 사람들로부터
좋은 평가를 받기는 어렵고
좋지 못한 평가를 받기는 쉽습니다.

그리고
또 다른 사실 하나는

미움을 받기가 쉽다는 점입니다.

〈좋은 나〉가 되고 싶은 욕망으로 인해

다른 사람이 잘하면
시기나 질투를 하고

다른 사람이 잘하지 못하면
깔보거나 무시를 합니다.

그러다 보니

잘해도 미움을 받고
잘하지 못해도 미움을 받는

경우가
생길 수 있습니다.

그리고
또 다른 사실 하나는

다른 사람을 도와주고도
좋은 말을 듣지 못할 수가 있다는 점입니다.

〈좋은 나〉가 되고 싶은 욕망으로 인해

도움을 받고서
고마워하는 것이 아니라

오히려
생뚱맞은 반응을 보일 수도 있기 때문입니다.

이처럼

나도 모르게 하게 되는 말이나 행동으로 인해
다른 사람이 기분 나빠하고

좋은 평가를 받기는 어렵고
좋지 못한 평가를 받기는 쉬우며

잘해도 미움을 받고
잘하지 못해도 미움을 받을 뿐만 아니라

다른 사람을 도와주고도
좋은 말을 듣지 못할 수가 있다 보니

사람을 상대하는 게
어렵다고 느껴질 수가 있습니다.

이러한 현상들은
〈좋은 나〉가 되고 싶은 욕망과
관련이 있다고
볼 수 있겠습니다.

## 13  마음의 상처

지금까지 살펴본 것처럼

<좋은 나>가 되고 싶은
욕망으로 인해

본의 아니게
마음의 상처를 주기도 하고

예상치 못하게
마음의 상처를 받기도 합니다.

앞서 예를 든 것처럼

대화를 하다 보면
상대방이
자랑을 하거나
나의 아픈 부분을 건드리는 말을
할 때가 있습니다.

상대방의 무의식에서
〈좋은 나〉가 되고 싶은 욕망이
작용하고 있기 때문이죠.

그러면

나 또한 무의식에서
〈좋은 나〉가 되고 싶은 욕망이
작용하고 있기 때문에

마음의 상처를 받게 됩니다.

그래서

화가 나고
상대방이 미워집니다.

심한 경우에는
그 생각이 자꾸 떠올라
잠을 못 이루기도 합니다.

상처받지 않는 마음

# 14 용서

이처럼

마음의 상처를 입어
화가 나고
상대방이 미워지는 경우에

마음의 상처에서 회복하는 데에
도움이 되는 방법이
있을까요?

상대방이

나를 화나게 할 목적으로
그런 말을 한 것이
아니라

〈좋은 나〉가 되고 싶은
자신의 욕망으로 인해
그런 말을 했음을 알고

상대방을
용서하는 것입니다.

〈좋은 나〉가 되고 싶은 욕망은
나에게도
있습니다.

상대방의 말로 인해
내가
마음의 상처를 받게 된 이유도

〈좋은 나〉가 되고 싶은
나의 욕망을
채우지 못했기 때문이죠.

그렇게 본다면

나 또한

〈좋은 나〉가 되고 싶은
나의 욕망으로 인해

얼마나 많은 사람들에게
마음의 상처를
주었을까요?

〈좋은 나〉가 되고 싶은
나의 욕망으로 인해

마음의 상처를 받은
사람들이

지금도
그 일을 떠올리며
나를
미워하고 있을지 모릅니다.

상처받지 않는 마음

내가
다른 사람의 마음을
아프게 하려는 건 아니었지만

〈좋은 나〉가 되고 싶은
나의 욕망으로 인해

본의 아니게
다른 사람의 마음을
아프게 했듯이

나의 마음을
아프게 한 사람의
경우에도

〈좋은 나〉가 되고 싶어서
했던 말들이

나에게
아픔을 주게 된 것이라고
생각하면서

그 사람을
용서하는 것입니다.

상처받지 않는 마음

내가
마음의 상처를 준 사람들에게
용서를 구하듯

내게
마음의 상처를 준 사람을
용서하는 것이죠.

이렇게만
할 수 있다면

〈좋은 나〉가 되고 싶은
나의 욕망이
채워지지 못해서 생기는

마음의 상처에서
회복하는 데에

용서가
매우 효과적인 방법이
될 수 있을 것입니다.

그런데

용서가
잘 되지 않는 경우들도 있습니다.

그럴 때에는

어떤 방법으로

마음의 상처에서
회복할 수 있을까요?

# II
# 두 종류의 마음

상처받지 않는 마음에 대해 이해하려면
어쩔 수 없는 일들이 왜 생기는지 살펴보는 것이 도움이 됩니다.

# 01 상처받지 않는 마음

상처받지 않는 마음은

자아초월심리학의
연구 분야와
관련이 있는 마음입니다.

여러 가지 이름으로
불리지만

여기서는
상처받지 않는 마음이라
부르겠습니다.

상처받지 않는 마음에 대해
이해하려면

어쩔 수 없는 일들이
왜 생기는지

살펴보는 것이
도움이 됩니다.

상처받지 않는 마음

## 02   어쩔 수 없는 일들

무의식에서

감각적인 즐거움을 느끼고 싶은 욕망과
외롭고 싶지 않은 욕망과
〈좋은 나〉가 되고 싶은 욕망이

작용하고 있습니다.

그 욕망들이

채워지면
행복하다고 느껴지고

채워지지 않으면
행복하지 않다고 느껴집니다.

그런데

자신이 원하는 대로
욕망이 채워지는 경우가

과연 얼마나 될까요?

자신의 욕망을

채울 수 있는 경우보다
채울 수 없는 경우가
훨씬 더 많으며

채웠다 하더라도
계속 유지하기가 어렵습니다.

자신의 뜻대로 할 수 없는
온갖 일들이

생기기 때문입니다.

예를 들어

급한 일이 있어
자동차로 빨리 가야 할 때

교통신호등의 빨간불이 자주 켜지면
짜증이 나고 화가 나지만

자신의 뜻대로 어떻게 할 수가 없습니다.

이처럼
자신의 뜻대로 할 수 없는 일은
생로병사를 비롯하여
한두 가지가 아닙니다.

## 03 종교적 태도

그렇다면

자신의 뜻대로 할 수 없는
온갖 일들이

도대체
왜 생기는 걸까요?

이에 대해
진지하게 생각해 보는 것을

분석심리학의 창시자
융은

종교적 태도라고 불렀습니다.

자신의 뜻대로 할 수 없는
온갖 일들이

생기는
이유에 대해

과학은
답변할 수가 없으며

그러한 질문에
답하는 영역이

종교라
할 수 있겠습니다.

그렇다면
종교에서는

그러한 질문에

어떤 답을 줄까요?

## 04  연기緣起

자신의 뜻대로 할 수 없는
온갖 일들이

생기는
이유를

불교에서는

연기緣起라는 이치로
설명합니다.

그리고

연기에 대해

다음과 같이
표현합니다.

〈이것이 일어나면 저것이 일어나고,
이것이 사라지면 저것이 사라진다.〉

〈이것이 일어나면 저것이 일어나고,
이것이 사라지면 저것이 사라지는〉

연기라는 이치는

다음과 같은 이치들을
포함하고 있습니다.

① 모든 것은 원인과 결과가 있다.
  (이것의 일어남이 원인이고 저것의 일어남이 결과임)
  (이것의 사라짐이 원인이고 저것의 사라짐이 결과임)

② 모든 것이 연관되어 있다.
  (이것, 이것의 일어남, 저것, 저것의 일어남이 모두 연관됨)
  (이것, 이것의 사라짐, 저것, 저것의 사라짐이 모두 연관됨)

③ 모든 것이 변한다.
  (일어나지 않은 상태에서 일어난 상태로 변함)
  (사라지지 않은 상태에서 사라진 상태로 변함)

① 모든 것은 원인과 결과가 있다는 이치는
   받아들이기가 그리 어렵지 않습니다.

아니 땐 굴뚝에 연기 나랴,
가는 말이 고와야 오는 말이 곱다,
콩 심은 데 콩 나고 팥 심은 데 팥 난다,
뿌린 대로 거둔다
등의

속담이나 격언이
모든 것은 원인과 결과가 있다는 이치를
표현하고 있습니다.

② 모든 것이 연관되어 있다는 이치도
   납득하기 어렵지 않습니다.

나비의 날갯짓으로 인해
먼 곳에서 태풍이 발생할 수 있다는
나비효과는

나비의 날갯짓과 태풍의 발생 사이에서

무수히 많은 존재와 현상들이
서로 영향을 주고받기에
가능한 것입니다.

③ 모든 것이 변한다는 이치도
　쉽게 납득이 됩니다.

달도 차면 기운다,
태산이 평지 된다,
열흘 붉은 꽃 없다
등의

속담은
모든 것이 변한다는 이치를 표현한 것입니다.

① 모든 것은 원인과 결과가 있다는 이치에 의하면
　　일어날 수밖에 없는 일들이 일어나고 있습니다.

그리고

② 모든 것이 연관되어 있다는 이치에 의하면
　　홀로 분리된 존재나 현상은 없습니다.

그리고

③ 모든 것이 변한다는 이치에 의하면
　　변하지 않는 존재나 현상은 없습니다.

따라서

모든 것은 원인과 결과가 있고
모든 것이 연관되어 있으며
모든 것이 변한다는
이치가

사실인 것으로 느껴지면

① 일어날 수밖에 없는 일들이 일어나기에
　모든 상황을 달게 받아들일 수 있고

② 나와 남이 연관되어 있기에
　나와 남 모두에게
　이로움이 되도록 행동할 수 있으며

③ 모든 것이 변하기에
　그 무엇에도 집착하지 않을 것입니다.

그런데

모든 것은 원인과 결과가 있다고
느껴지지 않을 때도 있고

모든 것이 연관되어 있다고
느껴지지 않을 때도 있으며

모든 것이 변한다고
느껴지지 않을 때도 있습니다.

그럴 때는

뜻대로 되지 않으면 화가 나고
남이야 어떻게 되든 나만 괜찮으면 된다고 여겨지며
자신이 원하는 상황이 언제까지나 변하지 않기를
바라게 됩니다.

모든 것은 원인과 결과가 있고
모든 것이 연관되어 있으며
모든 것이 변한다는 게

상처받지 않는 마음

이해는 되는데
그렇게 느껴지지 않을 때가 있는 것이죠.

왜 그런 걸까요?

## 05   공짜 없음과
         두 종류의 마음

이에 대한 설명 중
하나는

한 사람의 무의식에서

두 종류의 마음,

즉

모든 것은 원인과 결과가 있고
모든 것이 연관되어 있으며
모든 것이 변한다는 게

느껴지는 마음과

느껴지지 않는 마음이

각각
작용하고 있다는 것입니다.

이러한 내용을
이해하기 위해서는

한 사람의 무의식에서

공짜가 없다고 느껴지는 마음과
공짜가 없다고 느껴지지 않는 마음이

각각
작용하고 있다는 걸

이해하는 것이 도움이 됩니다.

## 공짜가 없다고 하면서도 공짜를 좋아함

세상에 공짜가 있는지 질문을 하면
많은 사람들이 공짜는 없다고 말합니다.

공짜처럼 보인다 하더라도
공짜가 아닌 이유가 반드시 있고
공짜로 받은 것에 대한 대가를
반드시 치른다는 뜻이죠.

그래서
공짜가 없다는 말을
"모든 것은 원인과 결과가 있다."
이렇게 해석할 수 있겠습니다.

그런데
공짜라면 비상도 먹는다는 말이 있습니다.
많은 사람들이 공짜를 좋아한다는 뜻이죠.

공짜가 없다고 말하면서
공짜를 좋아하다니,

이처럼 앞뒤가 맞지 않는 현상이
어떻게 해서
생기는 걸까요?

이에 대한 설명 중
하나는

한 사람의 무의식에서

두 종류의 마음,

즉
공짜가 없다고 느껴지는 마음과
공짜가 없다고 느껴지지 않는 마음이

각각
작용하고 있다는 것입니다.

공짜가 없다고 느껴지는 마음에서는

공짜처럼 보이는 게 주어지더라도
공짜라는 생각이 들지 않습니다.

한편

공짜가 없다고 느껴지지 않는 마음에서는

공짜처럼 보이는 게 주어지면
공짜라는 생각이 듭니다.

그러다 보니

공짜가 없다고
말하면서

공짜를
바라게 됩니다.

공짜가 없다고 느껴지는 마음에서는

세상에 공짜는 없다고
말하고

공짜가 없다고 느껴지지 않는 마음에서는

공짜를
바라는 것입니다.

공짜가 없다고 느껴지는 마음과
공짜가 없다고 느껴지지 않는 마음

중에서

어느 마음이
우세한가에 따라

큰 차이가 납니다.

예를 들어

친구에게
무시당하는 말을 들으면

화가 나기 마련인데,

화가 나는
그 마음은

공짜가 없다고 느껴지지 않는 마음이라는 겁니다.

## 06 공짜가 없다고 느껴지는 마음

그러면

친구에게
무시당하는 말을 들었을 때

공짜가 없다고 느껴지는 마음에서는

화가 나지 않는다는 말인가요?

그렇다고 볼 수 있습니다.

친구에게 무시당하는 말을 들을
원인이
있었기 때문에

그런 말을
듣게 된 것이며

친구에게 무시당하는 말을 들은 것에 대한
보상이
반드시 주어질 것임을

알고 있기 때문이죠.

세상에 공짜가 없기 때문입니다.

그렇다면

무엇이
친구에게 무시당하는 말을 듣게 된
원인일까요?

사람의 능력으로는
과거의 모든 일을
다 알 수 없을 뿐만 아니라

온갖 일들이
서로 얽혀 있기 때문에

그 원인을
알기는
어렵습니다.

친구에게 무시당하는 말을 듣기 전까지
그 앞에 있었던 모든 일을 거슬러 가다 보면

내가 친구와 사귀게 된 일이 있었고
그 앞에는 나와 친구가 태어난 일이 있었고
그 앞에는 나의 부모님과 친구의 부모님이
태어난 일이 있었고
그 앞에는 나의 부모님의 부모님과
친구의 부모님의 부모님이 태어난 일이 있었고,

이렇게 계속 과거로 거슬러 올라가다 보면
우리가 다 알 수 없는
아주 먼 과거의 일이 있었습니다.

게다가

나와 친구가 살아 있기 위해서
온갖 사람과 온갖 동식물과
태양과 공기와 물 등
세상의 모든 것이 연관되어 있고

나의 부모님과 친구의 부모님이 살아 계실 때도
온갖 사람과 온갖 동식물과
태양과 공기와 물 등
세상의 모든 것이 연관되어 있었고

나의 부모님의 부모님과
친구의 부모님의 부모님이 살아 계셨을 때도
온갖 사람과 온갖 동식물과
태양과 공기와 물 등
세상의 모든 것이 연관되어 있었습니다.

따라서 친구에게 무시당하는 말을 듣게 된 그 일은
공간적으로는 세상에 있는 모든 존재들이
서로 연관된 상태에서,
시간적으로는 아주 먼 과거부터 있었던
모든 일들이 꼬리에 꼬리를 물고 일어난 결과

일어날 수밖에 없는 일이 일어난 것이라
볼 수 있습니다.

그뿐만 아니라

상처받지 않는 마음

친구에게 무시당하는 말을 들은 것에 대한
보상이

어떤 식으로든 반드시 주어질 것입니다.

세상에는 공짜가 없기 때문입니다.

그러므로
친구에게 무시당하는 말을 듣게 된 그 일은
화가 날 일이 아닌 게 됩니다.

이와 같은 원리에 의해

공짜가 없다고 느껴지는 마음에서는

다른 사람의 질투나 시기로 인해 미움을 받더라도
마음의 상처를 받지 않습니다.

다른 사람의 질투나 시기로 인해
미움을 받게 된 그 일이

공간적으로는 세상에 있는 모든 존재들이
서로 연관된 상태에서,
시간적으로는 아주 먼 과거부터 있었던
모든 일들이 꼬리에 꼬리를 물고 일어난 결과

일어날 수밖에 없는 일이 일어난 것이며

다른 사람의 질투나 시기로 인해
미움을 받은 것에 대한 보상이

어떤 식으로든 반드시 주어질 것이기 때문입니다.

상처받지 않는 마음

## 모든 일을 달게 받아들임

그러다 보니

공짜가 없다고 느껴지는 마음에서는

모든 일을

달게
받아들일 수 있습니다.

좋지 않은 결과는 생기지 않고

좋은 결과는 생기도록 노력함


그런데

공짜가 없다고 느껴지는 마음에서는

모든 일을
달게 받아들이기만 하는 것이 아니라

좋지 않은 결과가 생길 수 있는 행위는
하지 않고

좋은 결과가 생길 수 있는 행위는
부지런히 실천합니다.

좋지 않은 결과가 생길 수 있는 행위를 하면
좋지 않은 결과가 생기고

좋은 결과가 생길 수 있는 행위를 하면

상처받지 않는 마음

좋은 결과가 생기는 게

느껴지기 때문이죠.

그렇다면
어떤 행위가
좋지 않은 결과가 생길 수 있는 행위일까요?

## 좋지 않은 결과가 생길 수 있는 행위

좋지 않은 결과가 생길 수 있는 행위는

자신의 욕망을 채우기 위해
다른 사람에게 피해를 주는 행위라고

할 수 있겠습니다.

내가 그런 행위를 하면
나도 피해를 입게 될 것입니다.

세상에 공짜가 없기 때문이죠.

## 좋은 결과가 생길 수 있는 행위

좋은 결과가 생길 수 있는 행위는

다른 사람의 욕망을 채워 주거나 배려하면서
다른 사람을 이롭게 하는 행위라고

할 수 있겠습니다.

내가 그런 행위를 하면
나의 욕망도 채워지거나 배려받으면서
나도 이롭게 될 것입니다.

세상에 공짜가 없기 때문이죠.

## 사랑을 실천할 수 있는 마음


그런데

다른 사람의 욕망을 채워 주거나 배려하면서
다른 사람을 이롭게 하는 것이
사랑이라는 걸

앞에서 살펴보았습니다.

따라서

공짜가 없다고 느껴지는 마음은
사랑을 실천할 수 있는 마음이라

할 수 있겠습니다.

**서로 사랑하게 함**


그런데

다른 사람의 욕망을 채워 주거나 배려하면서
다른 사람을 이롭게 하면

나의 욕망도 채워지거나 배려받으면서
나도 이로워지는 결과가
따라옵니다.

즉
나도 사랑받게 됩니다.

그래서
공짜가 없다고 느껴지는 마음은

다른 사람을 사랑하고
그 결과
자신도 사랑을 받게 합니다.

## 서로 잘되게 함


따라서

공짜가 없다고 느껴지는 마음은

다른 사람이 잘되게 도와주고
그 결과로
나도 잘되게 합니다.

그래서

다른 사람과 나
모두
잘되게 합니다.

그러므로

세상에 공짜가 없다고 느껴지는 마음에서는

다른 사람에게 무시당하는 말을 들어도
화가 나지 않고

다른 사람의 질투나 시기로 인해 미움을 받더라도
마음의 상처를 받지 않는 등

모든 일을
달게 받아들일 수 있을 뿐만 아니라

자신의 욕망을 채우기 위해
다른 사람에게 피해를 주는 행위는
하지 않고

다른 사람의 욕망을 채워 주거나 배려하면서
다른 사람에게 이로움을 주는 행위는
부지런히 실천함으로써

다른 사람을 사랑하고
그 결과
자신도 사랑을 받게 하며

다른 사람이 잘되게 도와주고
그 결과로
자신도 잘되게 합니다.

상처받지 않는 마음

## 07 공짜가 없다고
   느껴지지 않는 마음

그런데

다른 사람에게 무시당하는 말을 들으면
화가 나고

다른 사람의 질투나 시기로 인해 미움을 받으면
마음의 상처를 받는 등

모든 일을
달게 받아들이지 못할 뿐만 아니라

자신의 욕망을 채우기 위해
다른 사람에게 피해를 주는 행동을
할 때도 있습니다.

그래서

공짜가 없다고 느껴지는 마음과는
다른 종류의 마음

즉
공짜가 없다고 느껴지지 않는 마음
또한

무의식에서
작용하고 있다고 볼 수 있습니다.

따라서

한 사람의 무의식에서

두 종류의 마음,

즉
공짜가 없다고 느껴지는 마음과
공짜가 없다고 느껴지지 않는 마음이

각각
작용하고 있으며

그러다 보니

공짜가 없다고 말하면서
공짜를 바라는

모순적인 현상이
나타난다고
볼 수 있겠습니다.

## 08 연기와 두 종류의 마음

이처럼
한 사람의 무의식 속에서
서로 다른 두 종류의 마음

즉
공짜가 없다고 느껴지는 마음과
공짜가 없다고 느껴지지 않는 마음이
각각 작용하고 있듯이

한 사람의 무의식 속에서
서로 다른 두 종류의 마음

즉
모든 것은 원인과 결과가 있고
모든 것이 연관되어 있으며

모든 것이 변한다는
연기의 이치가

느껴지는 마음과
느껴지지 않는 마음이

각각 작용하고 있다고
볼 수 있습니다.

## 09  연기가 느껴지는 마음

모든 상황을 달게 받아들이면서

좋은 결과가 생길 수 있게 노력함

연기의 이치가
느껴지는 마음에서는

모든 것은 원인과 결과가 있다고
느껴지기에

모든 상황을 달게 받아들이면서

좋지 않은 결과가 생길 수 있는 행위는
하지 않고

좋은 결과가 생길 수 있는 행위는
부지런히 실천합니다.

좋은 결과가 생길 수 있는 행위는

앞서 살펴본 것처럼

다른 사람의 욕망을 채워 주거나 배려하면서
다른 사람에게 이로움을 주는 행위입니다.

## 대가를 바라지 않고 다른 사람을 이롭게 함

그런데

연기의 이치가
느껴지는 마음에서는

모든 것은 원인과 결과가 있다고
느껴질 뿐만 아니라

모든 것이 연관되어 있다고도
느껴집니다.

그러다 보니

다른 사람의 욕망을 채워 주거나 배려하고
다른 사람에게 이로움을 주면서도

대가를 바라지 않습니다.

나와 다른 사람이
분리된 별개가 아니고
서로 연관된 상태로

느껴지기에

내가 다른 사람을 이롭게 한 것이
내가 나를 이롭게 한 것과 다름없다고

여기기 때문입니다.

**집착하지 않음**


또

연기의 이치가
느껴지는 마음에서는

모든 것이 변한다고
느껴집니다.

그러다 보니

그 무엇에도 집착하지 않습니다.

### 연기가 느껴지는 마음의 작용


따라서

모든 것은 원인과 결과가 있고
모든 것이 연관되어 있으며
모든 것이 변한다는
연기의 이치가

느껴지는 마음에서는

다른 사람이 무시하거나 미워하거나 고통을 주더라도
원망하거나 미워하지 않고

모든 상황을 달게 받아들이며

다른 사람의 욕망을 채워 주거나 배려하고
다른 사람에게 이로움을 주면서도
그 대가를 바라지 않고

다른 사람에게 피해를 주지 않으려고 하며

다른 사람에게 피해를 준 것에 대해
반성하고 사과하면서 보상하기 위해 노력하고

그 무엇에도 집착을 하지 않습니다.

상처받지 않는 마음

마음의 상처를 받지도 않고

주려고도 하지 않음


그래서

모든 것은 원인과 결과가 있고
모든 것이 연관되어 있으며
모든 것이 변한다는
연기의 이치가

느껴지는 마음은

마음의 상처를 받지도 않고
마음의 상처를 주려고도 하지 않는

마음이라

할 수 있겠습니다.

# 10   연기가
　　　　느껴지지 않는 마음

그런데

모든 것은 원인과 결과가 있고
모든 것이 연관되어 있으며
모든 것이 변한다는
연기의 이치가

느껴지지 않는 마음이

우세하게
작용할 때가 있습니다.

## 연기가 느껴지지 않는 마음의 작용

그런 경우에는

다른 사람이 무시하거나 미워하거나 고통을 줄 때
나도 모르게 그 사람을 원망하거나 미워하게 되고

뜻대로 되지 않으면 화가 나며

다른 사람의 욕망을 채워 주거나 배려하면서
다른 사람에게 이로움을 주기가
쉽지 않고

다른 사람의 욕망을 채워 주거나 배려하면서
다른 사람에게 이로움을 줄 때
나도 모르게 그 대가를 바라게 되며

다른 사람에게 피해를 주는 행동도
쉽게 하게 되고

다른 사람에게 피해를 준 것에 대해
반성이나 사과나 보상을 하는 게 꺼려지며

여러 가지 집착에서 벗어나기가 어렵습니다.

상처받지 않는 마음

### 마음의 상처를 받기도 하고 주기도 함

그래서

모든 것은 원인과 결과가 있고
모든 것이 연관되어 있으며
모든 것이 변한다는
연기의 이치가

느껴지지 않는 마음은

마음의 상처를 받기도 하고
마음의 상처를 주기도 하는
마음이라

할 수 있겠습니다.

## 11 마음의 상처와 욕망

그런데

다른 사람이 무시하거나 미워하거나 고통을 줄 때
왜 그 사람을 원망하거나 미워하게 될까요?

〈좋은 나〉가 되고 싶은 욕망이나
감각적인 즐거움을 원하는 욕망이
채워지지 않기 때문입니다.

뜻대로 되지 않으면
왜 화가 날까요?

욕망이 채워지지 않으면 화가 나기 때문입니다.

다른 사람의 욕망을 배려하고
다른 사람에게 이로움을 주기가
왜 어려울까요?

   나의 욕망을 먼저 채우고 싶기 때문입니다.

다른 사람의 욕망을 채워 주거나 배려하면서
다른 사람에게 이로움을 줄 때
왜 대가를 바라게 될까요?

   채우고 싶은 나의 욕망이 있기 때문입니다.

다른 사람에게 피해를 주는 행동을
왜 쉽게 하게 되는 걸까요?

   나의 욕망을 채우고 싶기 때문입니다.

다른 사람에게 피해를 준 것에 대해
반성이나 사과나 보상을 하는 게
왜 꺼려질까요?

〈좋은 나〉가 되고 싶은 욕망 때문입니다.

여러 가지 집착에서 벗어나기가
왜 어려울까요?

집착, 즉 강한 욕망이
무의식에서 작용하고 있기 때문입니다.

그러므로

연기의 이치가 느껴지지 않는 마음에서

욕망이 일어나며

이로 인해
마음의 상처를 주기도 하고 받기도 하는 것임을
알 수 있습니다.

# 12 마음의 상처를
    받지 않으려면

따라서

마음의 상처를
덜 받거나 덜 주려면

욕망을
줄이는 것이

도움이 되겠습니다.

그런데

과연
욕망을 줄일 수 있을까요?

그리고

만약 줄일 수 있다면
어떤 방법으로 줄일 수 있을까요?

# Ⅲ
# 욕망
# 줄이기

그렇다면 그 수많은 욕망들로부터 벗어날 수는 없을까?
만약 벗어날 수 있다면 그 방법은 무엇일까?

# 01  마음의 고통

사춘기에 접어들면서부터
'어떤 삶을 살아야 하는가?'라는 의문을 품었지만

정신건강의학과 수련 과정을 마치면서도
뚜렷이 잡히는 바가 없었습니다.

그 뒤 가정을 꾸리고 본격적인 사회생활을 하면서
돈, 명예, 권력 등에 대한 욕구가
쑥쑥 자라기 시작했습니다.

그리고
이러한 욕구의 충족을 점점 더 강렬하게 원하면서
여태껏 풀지 못했던 의문에 대한 해답을
드디어 찾은 듯싶었습니다.

'그래. 한때 부인하기도 했지만
누구나 꿈꾸는 세속적인 행복, 결국 이것이었어.'

너무 늦게 철이 든 것 같아서
나 자신이 원망스럽기까지 했습니다.

그런데
새로운 의문이 생겼습니다.
'도대체 어느 정도의 성취를 목표로 삼아야 하지?'

당장 알 수는 없었지만
하여튼 대박을 터뜨리는 정도는 되어야 하지 않겠나
싶었습니다.

그러다 보니
내가 원하는 욕망들을
나보다 더 빨리 성취해 가는 사람들에게
질투심이 생겼습니다.

그리고
세상은
욕망의 충족을 놓고 전투가 벌어지는
싸움터로 여겨졌습니다.

사람들은
각종 이익집단을 만들고 온갖 방법을 동원하여
엎치락뒤치락 다투고 있었습니다.

그뿐만이 아니었습니다.
같은 집단 내에서마저도
손익을 따져
또 분열이 발생했습니다.

이처럼
인생이란 것이

물고 물리는 싸움의 연속으로 보이던 그때
마음이 힘들었습니다.

자주 초조함을 느꼈고
짜증이 났으며
불만스러웠고
화가 났습니다.

내가 속한 이익집단이
경쟁 집단에 밀리는 모습을 볼 때마다
분통이 터졌고

누군가 그 경쟁 집단에 속한 구성원이라는 이유만으로
미워하기도 했습니다.

## 02    알코올중독 병동에서 만났던 사람들

그러다가

알코올중독 병동에서 근무하기 시작할 무렵

미국의 정신과 의사였던 제럴드 메이가 쓴
『중독과 은혜』라는 책을 읽고
큰 충격을 받았습니다.

자신의 의지로 조절할 수 없는 강한 욕망을
뜻하는
중독이

넓은 의미에서 보자면
집착과 같은 것임을,

그렇게 본다면
나 역시
많은 것에 중독되어 있음을,

깨닫게 되었기 때문입니다.

상처받지 않는 마음

그리고

세상이 부조리해 보이고 마음이 힘들었던
이유가
집착 때문이었음을

깨닫게 되었습니다.

'세상이 못마땅하고 화와 짜증이 잘 났던 이유가
욕망 때문이었구나!'

'매사를 있는 그대로 바라보지 못하고
내 욕망의 관점에서 판단해 왔구나!'

'그렇다면 그 수많은 욕망들로부터
 벗어날 수는 없을까?'

'만약 벗어날 수 있다면 그 방법은 무엇일까?'

당시 근무하던
알코올중독 병동의
환자들에게

자신들의 회복 경험담을 들려주기 위해
방문한

〈익명의 알코올중독자들(A.A.)〉 모임의
회원들과
대화를 나누면서

그 답을
발견할 수 있었습니다.

### 익명의 알코올중독자들(A.A.)


알코올중독으로
치료를 받은 경험이 있는
그들은

〈익명의 알코올중독자들(A.A.)〉이라는 모임에
참여하면서
음주에 대한 갈망이 점점 줄어드는 것을
체험한다고 했습니다.

그런데
더욱 놀라운 것은
그들이 단순히 술만 끊은 것이 아니라
성격까지 변하고 있었다는 점입니다.

자기중심적이고
조급하고
부정적이고
남 탓을 잘하고

화를 잘 내던 성격에서

이타적이고
여유 있고
긍정적이고
정직하고
부드러운 성격으로

바뀌고 있었습니다.

## 03  중독에서 회복하기 위한 12단계

이런 놀라운 변화의 비결은
<알코올중독에서 회복하기 위한 12단계>*를
실천하는 것이었습니다.

<알코올중독에서 회복하기 위한 12단계>의
주요 내용은 다음과 같습니다.

　자신이 알코올에 무력함을 인정하고

　자신보다 더 위대한 힘이 온전한 정신으로
　회복시켜 주실 수 있다는 것을 믿으며

　자신의 의지와 생명을
　위대한 힘의 보살핌에 맡기고

자신이 한 잘못들을 위대한 힘과
자기 자신과 다른 사람에게 시인하며

자신의 결점을 위대한 힘께서 없애 주시기를
겸손하게 청하고

자신이 해를 끼친 사람들에게 직접 보상하며

자신에 대한 상세한 조사를 계속하면서
잘못이 있을 때 즉시 시인하고

위대한 힘의 뜻을 알고 그것을 수행할 수 있는 힘을
주시기를 간절히 바라면서 기도와 명상을 통해
위대한 힘과의 의식적인 접촉을 향상시키려고 하며

이러한 메시지를 알코올중독 환자들에게
전하기 위해 노력하고
모든 일에서 이러한 원칙들을 실천하기 위해 노력함.

상처받지 않는 마음

이러한 내용 중에
종교적인 느낌을 주는 대목들이 있습니다.

그 이유는

옥스퍼드 그룹 운동이라는
그리스도교 신앙 운동에
참여한 후
알코올중독에서 회복한 사람들이

〈알코올중독에서 회복하기 위한 12단계〉의 탄생에
영향을 주었기 때문입니다.

* William G. Wilson, *Alcoholics Anonymous: The Big Book*, Alcoholics Anonymous World Services, 2001(4th ed.) 참고.

그런데

〈알코올중독에서 회복하기 위한 12단계〉가
그리스도교 신앙 운동의 영향을 받기는 했지만

〈12단계〉에서 말하는
위대한 힘은

그리스도교의 창조주만을 뜻하는 것이 아닌
자신이 이해하게 된 대로의 위대한 힘입니다.

따라서

그리스도교 신자가 아닌 사람도
〈알코올중독에서 회복하기 위한 12단계〉를
활용할 수 있습니다.

〈알코올중독에서 회복하기 위한 12단계〉가

알코올중독으로부터의 회복에
도움이 된다는 게 밝혀지면서

마약중독, 도박중독, 음식중독, 성중독,
게임중독, 일중독 등
다양한 중독에서
회복하는 데에

〈12단계〉의 원리가
활용되고 있습니다.

## 04 그리스도교 신앙과 욕망의 감소

옥스퍼드 그룹 운동이라는
그리스도교 신앙 운동에
참여한 후
알코올중독에서 회복한 사람들이 있었으며

이들의 영향을 받아서 만들어진
〈알코올중독에서 회복하기 위한 12단계〉가
알코올중독으로부터의 회복에 도움이 되고

마약중독, 도박중독, 음식중독, 성중독,
게임중독, 일중독 등
다양한 중독에서 회복하는 데에도
그 〈12단계〉의 원리가
도움이 된다는 사실로 볼 때

그리스도교 신앙이

중독으로부터 회복하는 데에
즉
욕망을 줄이는 데에

도움이 될 수 있음을

알 수 있습니다.

# 05  불교 신앙과 욕망의 감소

그렇다면

불교 신앙을
통해서도

욕망을
줄일 수 있을까요?

## 사성제 四聖諦

불교에서는
사성제 四聖諦라고 하는 〈네 가지 진실〉을
강조합니다.

그 내용은 다음과 같습니다.

① 평범한 사람들은
　마음의 고통을 겪으며 살고 있는데

② 그 이유는 욕망 때문이며

③ 마음의 고통에서 완전히 벗어날 수 있는데

④ 팔정도 八正道라고 부르는
　〈여덟 가지 항목〉을 실천하면 된다.

욕망 때문에 마음의 고통을 겪는 것인데

팔정도라고 부르는 〈여덟 가지 항목〉을 실천하면
욕망을 없앨 수 있기에

팔정도를 통해
마음의 고통에서 완전히 벗어날 수 있다는
내용입니다.

이를 통해

불교 신앙도
욕망을 줄이는 데에 도움이 된다는 걸

알 수 있습니다.

그렇다면

팔정도의 실천이
어떻게 해서
욕망을 없애는 걸까요?

모든 것은 원인과 결과가 있고
모든 것이 연관되어 있으며
모든 것이 변한다는
연기의 이치가

느껴지지 않는 마음에서

욕망이 일어납니다.

따라서

욕망을 줄이기 위해서는

모든 것은 원인과 결과가 있고
모든 것이 연관되어 있으며
모든 것이 변한다는
연기의 이치가

느껴지지 않는 마음을

줄이면 될 것입니다.

어떻게 하면
그 마음을 줄일 수 있을까요?

상처받지 않는 마음

## 06 팔정도

팔정도라고 부르는 〈여덟 가지 항목〉을
실천하면

모든 것은 원인과 결과가 있고
모든 것이 연관되어 있으며
모든 것이 변한다는
연기의 이치가

느껴지지 않는 마음,
즉 욕망이 일어나는 마음이

줄어듭니다.

왜 그런 걸까요?

팔정도라고 부르는 〈여덟 가지 항목〉의 내용은 다음과 같습니다.

1. 바른 견해 : 연기緣起의 이치가 사실이라고 여김.

2. 바른 생각 : 바른 견해에 걸맞게 생각을 함.

3. 바른 말 : 바른 견해에 걸맞게 말을 함.

4. 바른 행동 : 바른 견해에 걸맞게 행동을 함.

5. 바른 생활 : 바른 견해에 걸맞게 생활을 함.

6. 바른 노력 : 팔정도의 항목들을 꾸준히 실천함.

7. 바른 기억 : 모든 것이 변하기에 변하지 않는 실체가 없다는 사실을 떠올림.

8. 바른 집중 : 모든 것이 변하기에 변하지 않는 실체가 없다는 사실을 집중력이 강한 상태에서 떠올리기 위해 정신을 집중함.

팔정도의 내용을
간단하게 정리하면

모든 것은 원인과 결과가 있고
모든 것이 연관되어 있으며
모든 것이 변한다는
연기의 이치가

느껴지는 마음에서

당연히 하게 될
생각과 말과 행동을

애써 하는 것입니다.

모든 것은 원인과 결과가 있고
모든 것이 연관되어 있으며
모든 것이 변한다는
연기의 이치가

느껴지는 마음에서

당연히 하게 될
생각과 말과 행동을

애써 하면

그러한 이치가
느껴지지 않는 마음,
즉 욕망이 일어나는 마음이

줄어드는 것입니다.

그렇다면
팔정도를 통해서만
욕망을 줄일 수 있을까요?

상처받지 않는 마음

# 07  육바라밀

불교에서는

육바라밀이라고 부르는
〈여섯 가지 항목〉을 실천해도

욕망을 줄일 수 있다고 합니다.

그 내용은 다음과 같습니다.

  1. 보시 : 대가를 바라지 않고 다른 사람을 이롭게 함.

  2. 지계 : 다른 사람에게 피해를 주는 행동을 하지 않음.

  3. 인욕 : 다른 사람이 피해를 주더라도 미워하지 않음.

4. 정진 : 육바라밀의 항목들을 꾸준히 실천함.

5. 선정 : 모든 것이 변하며 모든 것이 연관되어 있기에
　　　　 변하지 않는 개별적인 실체가 없다는 사실을
　　　　 집중력이 강한 상태에서 떠올리기 위해
　　　　 정신을 집중함.

6. 지혜 : 모든 것이 변하며 모든 것이 연관되어 있기에
　　　　 변하지 않는 개별적인 실체가 없다는 사실을
　　　　 떠올림.

육바라밀의 내용 또한

모든 것은 원인과 결과가 있고
모든 것이 연관되어 있으며
모든 것이 변한다는
연기의 이치가

느껴지는 마음에서
당연히 하게 될
생각과 말과 행동을

애써 하는 것이라
할 수 있겠습니다.

## 08  대가를 바라지 않고 다른 사람에게 이로움을 주기

그러므로

〈알코올중독에서 회복하기 위한 12단계〉를
실천해도

욕망을 줄일 수 있고

팔정도라고 부르는 〈여덟 가지 항목〉이나
육바라밀이라고 부르는 〈여섯 가지 항목〉을
실천해도

욕망을 줄일 수 있습니다.

그렇다면

〈알코올중독에서 회복하기 위한 12단계〉와
팔정도와
육바라밀의

공통점이 무엇일까요?

세 가지 방법 모두
욕망을 줄이는 데에 도움이 된다면

욕망을 줄이는 데에 도움이 되는
공통적인 요소를

세 가지 방법 모두
포함하고 있을 것입니다.

〈알코올중독에서 회복하기 위한 12단계〉의
주요 내용을 다시 한번 보겠습니다.

   자신이 알코올에 무력함을 인정하고

   자신보다 더 위대한 힘이 온전한 정신으로
   회복시켜 주실 수 있다는 것을 믿으며

   자신의 의지와 생명을
   위대한 힘의 보살핌에 맡기고

   자신이 한 잘못들을 위대한 힘과
   자기 자신과 다른 사람에게 시인하며

   자신의 결점을 위대한 힘께서 없애 주시기를
   겸손하게 청하고

   자신이 해를 끼친 사람들에게 직접 보상하며

   자신에 대한 상세한 조사를 계속하면서
   잘못이 있을 때 즉시 시인하고

위대한 힘의 뜻을 알고 그것을 수행할 수 있는 힘을
주시기를 간절히 바라면서 기도와 명상을 통해
위대한 힘과의 의식적인 접촉을 향상시키려고 하며

이러한 메시지를 알코올중독 환자들에게
전하기 위해 노력하고
모든 일에서 이러한 원칙들을 실천하기 위해 노력함.

팔정도의 내용을 다시 한번 보겠습니다.

1. 바른 견해 : 연기緣起의 이치가 사실이라고 여김.

2. 바른 생각 : 바른 견해에 걸맞게 생각을 함.

3. 바른 말 : 바른 견해에 걸맞게 말을 함.

4. 바른 행동 : 바른 견해에 걸맞게 행동을 함.

5. 바른 생활 : 바른 견해에 걸맞게 생활을 함.

6. 바른 노력 : 팔정도의 항목들을 꾸준히 실천함.

7. 바른 기억 : 모든 것이 변하기에 변하지 않는 실체가 없다는 사실을 떠올림.

8. 바른 집중 : 모든 것이 변하기에 변하지 않는 실체가 없다는 사실을 집중력이 강한 상태에서 떠올리기 위해 정신을 집중함.

육바라밀의 내용을 다시 한번 보겠습니다.

1. 보시 : 대가를 바라지 않고 다른 사람을 이롭게 함.

2. 지계 : 다른 사람에게 피해를 주는 행동을 하지 않음.

3. 인욕 : 다른 사람이 피해를 주더라도 미워하지 않음.

4. 정진 : 육바라밀의 항목들을 꾸준히 실천함.

5. 선정 : 모든 것이 변하며 모든 것이 연관되어 있기에 변하지 않는 개별적인 실체가 없다는 사실을 집중력이 강한 상태에서 떠올리기 위해 정신을 집중함.

6. 지혜 : 모든 것이 변하며 모든 것이 연관되어 있기에 변하지 않는 개별적인 실체가 없다는 사실을 떠올림.

〈알코올중독에서 회복하기 위한 12단계〉와
팔정도와
육바라밀의

내용들을
비교해서 살펴보면

대가를 바라지 않고
다른 사람에게 이로움을 주는 것이
공통적인 요소라
할 수 있겠습니다.

따라서

대가를 바라지 않고
다른 사람에게 이로움을 주기 위해 노력하면

욕망을
줄이는 데에

도움이 될 수 있겠습니다.

상처받지 않는 마음

## 09  대가를 바라지 않고 다른 사람의 욕망을 채워 주기

대가를 바라지 않고
다른 사람에게 이로움을 주는 것에는

대가를 바라지 않으면서

다른 사람의 욕망

즉
감각적인 즐거움을 느끼고 싶은 욕망과
외롭고 싶지 않은 욕망과
〈좋은 나〉가 되고 싶은 욕망을

채워 주거나 배려하는 것이
포함됩니다.

그렇다면

어떤 방법으로

다른 사람의 그러한 욕망들을
채워 주거나 배려할 수 있을까요?

몇 가지만 살펴보겠습니다.

**감각적인 즐거움을 느끼고 싶은**

**다른 사람의 욕망을 채워 주기**


감각적인 즐거움을 느끼고 싶은
다른 사람의 욕망이

채워질 수 있도록 돕는
방법 중의 하나로서

기부하는 것을 들 수 있겠습니다.

음식이나 생필품이 부족하거나
주거환경이 좋지 못하거나
몸이 아프거나 해서

고통을 받는 사람들에게
도움이 될 수 있도록

대가를 바라지 않고
기부하는 것을

애써 실천하면

욕망을 줄이는 데에
도움이 될 수 있겠습니다.

외롭고 싶지 않은

다른 사람의 욕망을 채워 주기


그리고

외로운 분들이
외로움을 덜 느끼도록

도와드리는 행동을

대가를 바라지 않고
애써 실천해도

욕망을 줄이는 데에

도움이 될 수 있겠습니다.

〈좋은 나〉가 되고 싶은

다른 사람의 욕망을 채워 주기



〈좋은 나〉가 되고 싶은
다른 사람의 욕망이

채워질 수 있도록

대가를 바라지 않고
애써 돕는 것 또한

욕망을 줄이는 데에

도움이 될 수 있겠습니다.

〈좋은 나〉가 되고 싶은
다른 사람의 욕망이
채워질 수 있도록 돕는 것에는

어떤 방법들이 있을까요?

### 다른 사람의 자랑을 잘 들어주기


〈좋은 나〉가 되고 싶은
다른 사람의 욕망을 채워 주는
방법 중의 하나로서

다른 사람과 대화를 할 때

자신의 자랑거리는 말하지 않고

그 대신

상대방이
자랑거리를 말하면

잘 들어주는 것이
있겠습니다.

### 도와주고 생색내지 않기


도움을 받은 사람은
자신을 도와준 사람에 비해 부족하다고 여겨져서
〈좋지 못한 나〉가 된 느낌이 들 수 있습니다.

그러므로
다른 사람을 도와준 후에
생색을 내지 않는 것도

〈좋은 나〉가 되고 싶은
다른 사람의 욕망을 채워 주는
방법 중의 하나입니다.

**지혜롭게 거절하기**


〈좋은 나〉가 되고 싶은
다른 사람의 욕망을
염두에 두게 되면

다른 사람의 부탁을 들어주지 못할 경우에
거절하는 방법에도
신중해질 필요를 느끼게 됩니다.

자신의 부탁이
받아들여지지 않으면

〈좋지 못한 나〉라는 느낌이 들어서
기분이 나빠집니다.

그래서

부탁을 거절당한 사람이

비록 자신의 부탁이 받아들여지지는 않았지만
〈좋지 못한 나〉라는 느낌이 들지 않도록

거절의 표현방법을
잘 찾아보는 것도

〈좋은 나〉가 되고 싶은
다른 사람의 욕망을 채워 주는
방법 중의 하나라고
할 수 있겠습니다.

### 상대방이 싫어하는 것을 하지 않기

상대방이 싫어하는 것을
상대방에게 하지 않는 것도

〈좋은 나〉가 되고 싶은
다른 사람의 욕망을 채워 주는
방법 중의 하나입니다.

상대방이 싫어함에도 불구하고
그것을 상대방에게 하게 되면

상대방은
자신이 존중받지 못하는 것 같아서
〈좋지 못한 나〉라는 느낌이 들기 때문입니다.

## 다른 사람의 기분을 좋게 해 주기

이와 같이

〈좋은 나〉가 되고 싶은
다른 사람의 욕망을
채워 주는 행동들을

달리 표현하면

다른 사람의 기분을 좋게 해 주는 것이라
할 수 있습니다.

이에 대한 좋은 예는

소중한 사람을 대하는 모습에서
찾아볼 수 있습니다.

소중한 사람과는
좋은 관계가

오랫동안 잘 유지되기를 바랍니다.

그러다 보니
그 사람의 기분을
좋게 해 주려고 노력합니다.

소중한 사람이 기분 나빠할 만한 행동은 하지 않고
기분 좋아할 만한 행동을 하려고 애쓰며

소중한 사람이 나의 기분을 상하게 하더라도
불쾌한 기색을 내보이지 않으려고 합니다.

그래야만
소중한 사람과 좋은 관계가 만들어지고
그 좋은 관계가 오랫동안 유지된다는 것을
알기 때문입니다.

## 가족의 욕망을 채워 주기

그런데
가족의 경우에는
이와 다르게 행동하는 경우가 적지 않습니다.

가족에게는

기분이 나쁠 때 즉시 화를 내는 경우가
드물지 않습니다.

그리고

상대방의 기분이 상할 만한 말들을
쉽게 합니다.

가족이 아닌 사람들 중에서
소중하다고 여기는 사람에게는

기분이 나쁘다고 해서

거친 표현을 쓰며 화를 내는 경우가
흔하지 않습니다.

그 사람과의 좋은 관계가 끊어져서
회복하기 힘들 수 있다는 것을
알기 때문입니다.

그런데

가족에게는
왜
쉽게 화를 내는 걸까요?

가족에게는

화를 내더라도
관계가 나빠지지 않을 거라고 여기기 때문입니다.

그런데 그것은 착각입니다.

〈좋은 나〉가 되고 싶은 욕망은
상대방이 가족이건 가족이 아니건
가리지 않고 일어납니다.

그래서

가족이라 하더라도
거친 말을 듣게 되면

〈좋지 못한 나〉가 된 느낌이 들기 때문에
기분이 나빠집니다.

상처받지 않는 마음

더 나아가

가족이기 때문에
마음의 상처를 더 크게 받을 수 있습니다.

'남도 아닌 가족인 나에게
어떻게 이런 말을 할 수가 있어?'라는
생각이 들기 때문입니다.

가족이기 때문에
마음의 상처를 받지 않을 거라고 여기며
화난 감정을 그대로 표현하는데

오히려
가족이기 때문에
더 큰 마음의 상처를 받게 되는 것입니다.

그러다 보니

가족으로 인해
〈좋지 못한 나〉로 느껴지는 경험을
자주 함으로써

마음의 상처가 깊어지는 경우들이
드물지 않습니다.

부부 상담을 할 때

이와 같은 내용들을 말씀드리면
많은 분들이 동의를 하십니다.

그런데
다 듣고 난 후에도

〈좋은 나〉가 되고 싶은 자신의 욕망을
상대방이 먼저 채워 주기를 원하는 경우가 있습니다.

그러면 사이가 좋아지기 어렵습니다.

부부 사이가
좋아지려면

둘 중 한 명이라도
먼저
〈좋은 나〉가 되고 싶은 상대방의 욕망을
채워 줘야 합니다.

그러면
상대방의 기분이 좋아지고

그래서
나를 좋아하게 되고

그러면
〈좋은 나〉가 되고 싶은 나의 욕망을 채워 줍니다.

그러므로

부부 중 누구라도 한 명이
먼저

시작하는 것이
필요합니다.

그런데

사이가 좋지 않은 기간이 길었던
부부의 경우에는

〈좋은 나〉가 되고 싶은 자신의 욕망을 채워 주는
상대방의 변화에 대해
의아하게 여기면서
그 진정성을 의심할 수 있습니다.

그러다 보니

상대방의 좋은 변화에 맞춰
본인 또한 좋게 변화하지 않고

여전히 예전과 다를 바 없는 행동을
상대방에게 계속 할 수가 있습니다.

그래서

그와 같은 경우를 미리 예상하고 있어야 합니다.

배우자가 알아 주고 함께 변화하지 않더라도
〈좋은 나〉가 되고 싶은
배우자의 욕망을 채워 주기 위해 노력하는 행동을
포기하지 않고 꾸준히 이어 가면

결국에는
상대방이 감동을 하면서 바뀔 것입니다.

그래서
끈기가 필요합니다.

이는
자녀와의 관계에서도
마찬가지입니다.

자녀도
부모님과의 관계에서

〈좋지 못한 나〉로 느껴지는 경험을 함으로써
마음의 상처를 받게 되면

부모님에 대해
마음의 문을 닫을 수가 있습니다.

그래서

부모님이
〈좋은 나〉가 되고 싶은 자녀의 욕망을
채워 주기 위해 노력하더라도

부모님을 대하는 자녀의 태도가
쉽게 바뀌지 않을 수 있습니다.

이런 경우에도

부모님이
인내심을 갖고

〈좋은 나〉가 되고 싶은 자녀의 욕망을
채워 주기 위한 노력을
포기하지 않고 꾸준히 지속하는 것이
필요합니다.

이처럼

가정에서건
직장에서건
사회에서건

대가를 바라지 않으면서

〈좋은 나〉가 되고 싶은
상대방의 욕망을 채워 주면

욕망도 줄어들고

대인관계도 좋아질 수 있습니다.

그런데
예외도 있습니다.

상대방이

자신의 이익을 위해 다른 사람을 이용하거나

기분장애, 성격장애, 망상장애 등
심리적인 어려움을 겪고 있는 경우에는

대가를 바라지 않으면서

〈좋은 나〉가 되고 싶은 상대방의 욕망을
채워 주더라도

대인관계가 좋아지지 않을 수 있습니다.

이런 경우와는
구별이 필요합니다.

# IV
# 문답 형식으로 정리하기

> 서로 다를 수 있는데 왜 자기 말만 옳다고 할까요?
> 〈좋은 나〉가 되고 싶은 그 사람의 욕망 때문입니다.

## 01 고객이 물건을 사 주기 원한다면?

1. 고객이 물건을 사 주기를 원한다면?
   ① 고객의 기분을 나쁘게 한다.
   ② 고객의 기분을 좋게 한다.

2. 고객의 기분을 좋게 하려면?
   ① <좋은 나>가 되고 싶은 고객의 욕망을 채워 주지 않는다.
   ② <좋은 나>가 되고 싶은 고객의 욕망을 채워 준다.

3. <좋은 나>가 되고 싶은 고객의 욕망을 채워 주려면?
   ① 고객을 배려하지 않고
   고객을 존중하지 않고

고객의 마음을 이해하려 하지 않고
　　　고객의 말에 귀를 기울이지 않고
　　　고객에게 짜증이나 화를 내고
　　　고객이 원하는 것을 해 주지 않는다.

② 고객을 배려하고
　　　고객을 존중하고
　　　고객의 마음을 이해하고
　　　고객의 말에 귀를 기울이고
　　　고객에게 친절하고
　　　고객이 원하는 것을 해 주기 위해 노력한다.

## 02 직원이 잘 따라 주기를 원한다면?

1. 직원이 잘 따라 주기를 원한다면?
   ① 직원의 기분을 나쁘게 한다.
   ② 직원의 기분을 좋게 한다.

2. 직원의 기분을 좋게 하려면?
   ① <좋은 나>가 되고 싶은 직원의
      욕망을 채워 주지 않는다.
   ② <좋은 나>가 되고 싶은 직원의
      욕망을 채워 준다.

3. <좋은 나>가 되고 싶은 직원의
   욕망을 채워 주려면?
   ① 직원을 배려하지 않고
      직원을 존중하지 않고

직원의 마음을 이해하려 하지 않고
　　　직원의 장점과 잘한 점을 인정해 주지 않고
　　　직원의 단점과 잘못한 점을 들추어내고
　　　직원의 말에 귀를 기울이지 않고
　　　직원에게 짜증이나 화를 잘 낸다.

② 직원을 배려하고
　　　직원을 존중하고
　　　직원의 마음을 이해하고
　　　직원의 단점과 잘못한 점을 들추지 않고
　　　직원의 장점과 잘한 점을 인정하고
　　　직원의 말에 귀를 기울이고
　　　직원에게 짜증이나 화를
　　　내지 않으려고 노력한다.

# 03 상사와 좋은 관계를 맺기 원한다면?

1. 상사와 좋은 관계를 맺기 원한다면?
   ① 상사의 기분을 나쁘게 한다.
   ② 상사의 기분을 좋게 한다.

2. 상사의 기분을 좋게 하려면?
   ① <좋은 나>가 되고 싶은 상사의 욕망을 채워 주지 않는다.
   ② <좋은 나>가 되고 싶은 상사의 욕망을 채워 준다.

3. <좋은 나>가 되고 싶은 상사의 욕망을 채워 주려면?
   ① 상사를 배려하지 않고
      상사를 존중하지 않고

상사의 마음을 이해하려 하지 않고
상사의 장점과 잘한 점을 인정해 주지 않고
상사의 단점과 잘못한 점을 들추어내고
상사의 말에 귀를 기울이지 않고
상사의 뜻을 따르지 않고
상사가 원하는 것을 해 드리지 않는다.

② 상사를 배려하고
상사를 존중하고
상사의 마음을 이해하고
상사의 단점과 잘못한 점을 들추지 않고
상사의 장점과 잘한 점을 인정하고
상사의 말에 귀를 기울이고
상사의 뜻을 따르기 위해 노력하고
상사가 원하는 것을 해 드리기 위해 노력한다.

# 04 배우자가 잘해 주기를 원한다면?

1. 배우자가 잘해 주기를 원한다면?
   ① 배우자의 기분을 나쁘게 한다.
   ② 배우자의 기분을 좋게 한다.

2. 배우자의 기분을 좋게 하려면?
   ① 감각적인 즐거움을 느끼고 싶고,
      외롭고 싶지 않고, 〈좋은 나〉가 되고 싶은
      배우자의 욕망을 채워 주지 않는다.
   ② 감각적인 즐거움을 느끼고 싶고,
      외롭고 싶지 않고, 〈좋은 나〉가 되고 싶은
      배우자의 욕망을 채워 준다.

3. 〈좋은 나〉가 되고 싶은 배우자의 욕망을
   채워 주려면?

① 배우자를 배려하지 않고
　배우자를 존중하지 않고
　배우자의 마음을 이해하려 하지 않고
　배우자의 장점과 잘한 점을 인정해 주지 않고
　배우자의 단점과 잘못한 점을 들추어내고
　배우자의 말에 귀를 기울이지 않고
　배우자에게 관심을 가지지 않고
　배우자에게 짜증이나 화를 내고
　배우자의 뜻을 따라 주지 않고
　배우자가 원하는 것을 해 주지 않는다.

② 배우자를 배려하고
　배우자를 존중하고
　배우자의 마음을 이해하고
　배우자의 단점과 잘못한 점을 들추지 않고
　배우자의 장점과 잘한 점을 인정하고
　배우자의 말에 귀를 기울이고
　배우자에게 관심을 가지고
　배우자에게 짜증이나 화를 내지 않고
　배우자의 뜻을 따라 주기 위해 노력하고
　배우자가 원하는 것을 해 주기 위해 노력한다.

## 05  자녀가 바람직한 행동을 했을 때

자녀가 바람직한 행동을 했을 때
당연히 그렇게 해야 하는 거라고 생각해서
부모님이 별 반응을 보여 주지 않는다.

1. 자녀의 기분은?
   바람직한 행동을 한 데 대해 인정을 받지 못하니까
   〈좋은 나〉가 되고 싶은 욕망이 채워지지 않아서
   기분이 좋지 않다.

2. 부모님에 대한 자녀의 마음은?
   〈좋은 나〉가 되고 싶은 욕망을 채워 주지 않는
   부모님에게 서운한 마음이 생긴다.

3. 부모님에게 서운한 마음이 생기면?
   부모님이 원하는 바람직한 행동을
   하고 싶어지지 않는다.

4. 자녀가 바람직한 행동을 하지 않게 되면?
   부모님은 자녀가 마음에 들지 않는다.

5. 자녀는 부모님에게 서운한 마음이 생기고
   부모님은 자녀가 마음에 들지 않게 되면?
   부모님과 자녀의 관계가 나빠진다.

6. 부모님과 자녀의 관계가 나빠지면?
   자녀는 부모님이 원하는 바람직한 행동을
   더욱 하지 않게 된다.

## 자녀가 바람직한 행동을 했을 때 부모님이 적절하게 칭찬한다.

1. 자녀의 기분은?
   바람직한 행동을 한 데 대해 인정을 받으니까
   <좋은 나>가 되고 싶은 욕망이 채워져서
   기분이 좋아진다.

2. 부모님에 대한 자녀의 마음은?
   <좋은 나>가 되고 싶은 욕망을 채워 주신
   부모님이 좋아진다.

3. 부모님이 좋아지면?
   부모님이 원하는 바람직한 행동을
   계속 하고 싶어진다.

4. 자녀가 바람직한 행동을 계속 하게 되면?
   부모님은 자녀가 마음에 든다.

5. 자녀는 부모님이 좋아지고
   부모님은 자녀가 마음에 들게 되면?
   부모님과 자녀의 관계가 좋아진다.

6. 부모님과 자녀의 관계가 좋아지면?
   자녀는 부모님이 원하는 바람직한
   행동을 더욱 하게 된다.

## 06 자녀가 바람직하지 못한 행동을 했을 때

자녀가 바람직하지 못한 행동을 했을 때

부모님이 비난하는 말을 하거나 체벌을 한다.

1. 자녀의 기분은?
   비난하는 말을 듣거나 체벌을 받으면
   〈좋지 못한 나〉가 된 느낌이 들어
   기분이 좋지 않다.

2. 부모님에 대한 자녀의 마음은?
   〈좋지 못한 나〉가 된 느낌이 들게 만드신
   부모님에게 좋지 못한 감정이 생긴다.

3. 부모님에게 좋지 못한 감정이 생기면?
   부모님이 원하는 바람직한 행동을
   하고 싶어지지 않는다.

4. 부모님이 원하는 바람직한 행동을
   자녀가 하지 않게 되면?
   부모님은 자녀가 마음에 들지 않게 된다.

5. 자녀는 부모님에게 좋지 못한 감정이 생기고
   부모님은 자녀가 마음에 들지 않게 되면?
   부모님과 자녀의 관계가 나빠진다.

6. 부모님과 자녀의 관계가 나빠지면?
   자녀는 부모님이 원하는 바람직한 행동을
   더욱 하지 않게 된다.

자녀가 바람직하지 못한 행동을 했을 때
〈좋은 나〉가 되고 싶은 자녀의 욕망을 배려하면서
부모님이 자상하게 가르쳐 준다.


1. 자녀의 기분은?
   부모님의 배려를 받으면
   〈좋은 나〉가 된 느낌이 든다.

2. 부모님에 대한 자녀의 마음은?
   〈좋은 나〉가 된 느낌이 들게 해 주신
   부모님에게 좋은 감정이 생긴다.

3. 부모님께 좋은 감정이 생기면?
   부모님이 원하는 바람직한 행동을 하고 싶어진다.

4. 부모님이 원하는 바람직한 행동을
   자녀가 하게 되면?
   부모님은 자녀가 마음에 든다.

5. 자녀는 부모님에게 좋은 감정이 생기고
   부모님은 자녀가 마음에 들게 되면?
   부모님과 자녀의 관계가 좋아진다.

6. 부모님과 자녀의 관계가 좋아지면?
   자녀는 부모님이 원하는 바람직한 행동을
   더욱 하게 된다.

## 07  자기 말만 옳다고 할 때

"서로 다를 수 있는데
왜 자기 말만 옳다고 하는지
모르겠어요. 진짜 화가 나요."

1. 서로 다를 수 있는데 왜 자기 말만 옳다고 할까요?
   〈좋은 나〉가 되고 싶은 그 사람의
   욕망 때문입니다.

2. 서로 다를 수 있는데
   자기 말만 옳다고 하는 사람 때문에
   왜 화가 날까요?
   〈좋은 나〉가 되고 싶은 나의 욕망 때문입니다.

## 08   잘못을 하고도 인정을 안 할 때

"잘못을 해 놓고

왜 인정을 안 하는지 모르겠어요.

화가 나서 참을 수가 없어요."

1. 잘못을 해 놓고도 왜 인정을 안 할까요?
   〈좋은 나〉가 되고 싶은 그 사람의 욕망
   때문입니다.

2. 잘못을 해 놓고도 인정을 안 하는 사람 때문에
   왜 화가 나서 참을 수 없는 걸까요?
   〈좋은 나〉가 되고 싶은 나의 욕망 때문입니다.

## 09 나는 힘든데 상대방이 자랑할 때

"취업이 안 돼서 죽겠는데
친구가 승진했다고 자랑하는 거예요.
너무 우울해요."


1. 취업이 안 돼서 죽겠는데 왜 친구는 승진했다고
   자랑을 하는 걸까요?
   〈좋은 나〉가 되고 싶은 친구의 욕망 때문입니다.

2. 승진을 했다고 자랑하는 친구 때문에
   왜 너무 우울할까요?
   〈좋은 나〉가 되고 싶은 나의 욕망 때문입니다.

## 10  다른 사람에게 마음의 상처를 주는 말을 하지 않으려면?

공짜가 없다는 사실을
잊지 않는 마음으로

상대방에게 말을 한다면

마음의 상처를
주지 않을 것입니다.

## 11 다른 사람의 말에 마음의 상처를 받지 않으려면?

공짜가 없다는 사실을
잊지 않는 마음으로

상대방의 말을 듣는다면

마음의 상처를
받지 않을 것입니다.

# 12 마음의 상처를 주지 않으려면?

1. 어떻게 하면 마음의 상처를
   주지 않을 수 있을까요?
   ① 욕망을 키운다.
   ② 욕망을 줄인다.

2. 어떻게 하면 욕망을 줄일 수 있을까요?
   대가를 바라지 않고 다른 사람에게
   이로움을 주기 위해 노력한다.

# 13 마음의 상처를 받지 않으려면?

1. 어떻게 하면 마음의 상처를
   받지 않을 수 있을까요?
   ① 욕망을 키운다.
   ② 욕망을 줄인다.

2. 어떻게 하면 욕망을 줄일 수 있을까요?
   대가를 바라지 않고 다른 사람에게
   이로움을 주기 위해 노력한다.

# 14   마음의 상처에서 회복하려면?

1. 마음의 상처에서 회복할 수 있을까요?
   ① 없다.
   ② 있다.

2. 마음의 상처에서 회복할 수 있다면 그 방법은?
   ① 상처받는 마음을 키운다.
   ② 상처받는 마음을 줄인다.

3. 상처받는 마음을 줄이려면?
   ① 상처받는 마음에서 당연히 하게 될 생각과 말과 행동을 애써 한다.
   ② 상처받지 않는 마음에서 당연히 하게 될 생각과 말과 행동을 애써 한다.

4. 상처받지 않는 마음에서 당연히 하게 될
   생각과 말과 행동은?
   대가를 바라지 않으면서 다른 사람에게
   이로움을 주는 생각과 말과 행동.

5. 대가를 바라지 않으면서 다른 사람에게 이로움을
   주는 생각과 말과 행동을 애써 하면?
   ① 마음의 상처에서 회복할 수 있지만
       욕망은 줄어들지 않는다.
   ② 마음의 상처에서 회복하고 욕망도 줄어든다.

## 나가면서

   2003년 초반 알코올중독 병동에서 일을 하면서부터 욕망을 줄이는 방법에 관심을 가지게 되었습니다. 그리스도교 신앙 운동의 영향을 받은 <알코올중독에서 회복하기 위한 12단계>가 욕망을 줄이는 데에 도움이 되며 불교적인 수행 또한 마찬가지라는 사실을 접한 후 종교의 임상적인 활용 방법에도 관심이 생겼습니다.

   가정폭력상담소에서 가정폭력 행위자 및 가족을 대상으로 <알코올이 신체와 행동에 미치는 영향>, <스트레스에 대한 이해와 대처> 등을 십 년 넘게 강의했습니다. 가정폭력전문상담원 양성 과정에도 참여하여 <알코올중독과 가정폭력>에 대한 강의를 십 년 가까이 해 오고 있습니다.

   강의를 할 때 그리고 진료실에서 심리치료를 할 때 본 내용들을 적절하게 활용했습니다. 그럴 때 청중과

내담인들의 반응이 좋았습니다. 그래서 책으로 써서 많은 사람들과 나누고 싶은 마음이 생겼습니다.

저의 소망이 이루어질 수 있도록 도와주신 담앤북스 출판사의 오세룡 대표님께 감사드립니다. 정신건강의학과 의사에게 필요한 심리학적인 지식과 태도를 가르쳐 주신 최영민 선생님을 비롯한 은사님들께 감사드립니다. <좋은 나>라는 표현은 최영민 선생님께 배운 것입니다. 힘들게 농사를 지어서 길러 주신 부모님과 몸에 밴 배려로 사랑을 보여 주는 아내에게도 감사를 드립니다. <중독에서 회복하기 위한 12단계>의 위대한 힘께 감사드립니다.

2025년 8월

박성봉

# 상처받지 않는 마음

정신과 전문의가 전하는,
이유를 알면 덜 아픈 마음 관리법

**초판 1쇄 발행** 2025년 9월 9일

**지은이** 박성봉

**펴낸이** 오세룡
**편집** 박성화 손미숙 윤예지 김윤미
**기획** 곽은영 이수연
**디자인** 김효선 고혜정 최지혜
**홍보·마케팅** 정성진

**펴낸곳** 담앤북스
**주소** 서울특별시 종로구 새문안로3길 23 경희궁의 아침 4단지 805호
**대표전화** 02-765-1251(영업부) 02-765-1250(편집부)
**전송** 02-764-1251
**전자우편** dhamenbooks@naver.com

**출판등록** 제300-2011-115호

**ISBN** 979-11-6201-560-5 (03180)

값 16,800원

- 이 책은 저작권법에 따라 보호받는 저작물이므로 무단 전재와 복제를 금합니다.
- 이 책 내용의 전부 또는 일부를 이용하려면 반드시 저작권자와 담앤북스의 서면 동의를 받아야 합니다.